てってい的にカント その一

コペルニクス的転回の全貌

中島義道

ぷねうま舎

装画＝川名 京
装丁＝矢部竜二 BowWow

てってい的にカント　その一◆目次

序論　死ぬまで真理に焦がれ続ける者

1　『純粋理性批判』の構成

まず、『純粋理性批判』という名の本書は〔『純粋理性批判』原佑訳、上中下、平凡社ライブラリー、二〇〇五年〕どういう構成になっているか見てみましょう。それは、とてもいびつな構成になっている。「目次」を見ても、すっと目に入ってこないのですが、まず「序文（Vorrede）」と「序論（Einleitung）」とがありますが、当時の著書はこの二つが並んでいるものが多く、前者の文字通りの意味は「初めの言葉」、後者は「導入」ですから、なんとなくニュアンスはわかると思いますが、それでも曖昧でしょう。ヘーゲルの『精神現象学』などは、その違いがずっと議論されています。

本書の場合は、その分担はわりとはっきりしていて、「序文」では、カントの本書刊行に寄せる「思い」が書かれている。それに対してずっと長い「序論」では、まさに本書で扱う主要概念を説明していて、純粋理性批判基本用語集のような体裁をとっている。

このことに関して、多少触れておきますと、カントの直前クリスティアン・ヴォルフの前まで、哲学はラテン語かフランス語で書かれるのが常であった。デカルトは『方法序説』だけがフランス語であり、あとはラテン語です。スピノザはすべてラテン語、ドイツ人のライプニッツさえ、ほとんどがラテン語であり、『単子論』などはフランス語です。ただ、イギリスの哲学者たちだけは、ベーコンまで遡るとラテン語ですが、ホッブズからしてすでに英語であり、ロックやヒュームは当然のように英語で書いていた。バークレィにはラテン語の著作もありますが、やはり大部分は英語です。

さて、カントですが、彼は、ヴォルフ、アレクサンダー・バウムガルテン、クリスティアン・クルージウスなど、同時代のドイツ人の哲学者の著作をほとんどラテン語で学んだのです。卒業論文はドイツ語であって、その他の初期著作もだいたいドイツ語を使っていたのですが、修士論文や教授資格論文はラテン語でした。こうして、『純粋理性批判』の用語のかなりのものが、カントがはじめてラテン語からドイツ語に訳したものなのです。当時の読者は、ラテン語の意味はわかったけれど、カントのドイツ語訳がわからない。『純粋理性批判』が出てすぐに、「わからないからラテン語に直してくれ」という声が多かったということを忘れてはなりません。

そこで、「序論」に戻りますと、これはまさに「純粋理性批判基本用語集」なので、初めに置いたとも言えます。これは本書を通じて生じていることであり、『純粋理性批判』の難解さのかなりの部分が、カントが哲学用語として流布していたラテン語を、そうではないドイツ語に翻訳しながら書いたせいであるとも言える。本書の相当の部分が、極端に言えば、哲学用語のラテン語・ドイツ語翻訳辞典なのです。このことはきわめて重要なので、心に留めておいてください。

次に「序論」のあとの「本論」の構成ですが、大きく「原理論」と「方法論」に分かれている。これは、あとの二つの批判書（『実践理性批判』と『判断力批判』）でも同様です。では、カントは『批判』になぜ「方法論」を付したのか？　これに対しては、まさに『批判』全体が形而上学の「予備学」あるいは「方法」であって、「原理論」は「論理的方法」、「方法論」は「実践的方法」と言ってもいいかもしれない。カントにとって「批判」とは、批判の原理的構造を示すことのみならず、実際に「批判する」という実践をも教示せねばならないものなのです。

しかし、その「方法論」は「原理論」の六分の一程度の量しかない。大学ではあまり読まない部分ですが、哲学塾では、これまでドイツ語で一年くらい読んでいます。カントの「批判」に対する「熱い思い」がストレートに書かれていて、ある意味で本書の導入にもなる部分です。

「原理論」は大まかに「感性論」と「論理学」に二分され、前者は「空間論」と「時間論」だけですが、後者はさらに「分析論」と「弁証論」に分けられ、「分析論」は「演繹論」「図式論」「原則論」に、「弁証論」は「誤謬推理」「二律背反」「理想」に分けられる。以上は、大森林のような本書の枝葉を取って大まかな構図を示したものですが、カント研究者たちは普通、こういう分類で語り合っています。

このすべてを暗記することはありませんが、目次は繰り返し見て、この壮大な領域の「いま、自分はどこを歩いているのか」を確かめながら読む必要がある。でないと、まさに「木を見て森を見ず」の姿勢に陥ってしまうでしょう。

また、ぜひ知ってもらいたいのは、『純粋理性批判』は二冊あると言ってもいいということ。というのも本書は、第一版が一七八一年に刊行されたのですが、その後、カントは周囲に湧き起こるすさまじい批判（非難）に答える意味もあり、かなりの時間を割いて全体を書きかえ、一七八七年に第二版を刊行しました。カント著作集の多くの版は第一版と第二版を一冊にまとめ、第二版を主にして、それに適宜第一版を補充している、という体裁をとっていますが、アカデミー版は別々の本になっています。わが国の翻訳者はそれぞれ苦労していますが、今回テキストに指定した原佑訳は、ところどころ、中に線を入れて、第一版を上に、第二版を下に配置しています。

ですから、『純粋理性批判』についてまともな研究をしようとする場合、自分はどちらの版によって研究を進めていくのか、そして、その理由も明らかにしなければならない。その違いをここでしっかり語ろうとすると原稿用紙何十枚もかかるので、割愛しますが、『純粋理性批判』の中でもカントが完全に書きかえた部分と、部分的に書きかえた部分、そしてまったく書きかえていない部分というふうにさまざまですので、そのつど注意していくほかないでしょう。

では、一般的注意はこのくらいにして、――世界で最も難しい哲学書とさえ言われる――『純粋理性批判』の中に足を踏み入れてみましょう。

2 「序文」以前

「序文」は、この訳書で二五頁からですが、その前に二つの文章の塊がある。その一は二一頁にある、「ヴェルラムのベーコン」という見出しのものです。これはベーコンからそのまま（ラテン語のまま）とったものですが、エピグラフと言われ、著者が伝えたいことを象徴的に表すような短い文章のことです。最後の三行のために、カントはこの文章を引いてきたように思われるので、その部分だけ書き出してみます。

なお、よき期待をもち、私たちの大革新がなにか無限な超人間的なことであるかのように考え、また解さないように。まことにこの革新こそ、限りない誤謬の終わりであり、またその正当な限界であるからである。

（イマヌエル・カント『純粋理性批判』上、原佑訳、平凡社ライブラリー、二〇〇五年、二一頁）

哲学史の常識では、ベーコンはそれまでの形而上学を打ち破って、経験（現代の科学的態度）に基づいた哲学を提唱した人として有名です。高等学校の教科書にも出てくるのは、われわれ人間が騙される四つのイドラ（仮象）でしょう。彼にとっては、これまでの形而上学はこれらのイドラの上に構築された空中楼閣なのです。ベーコンについてもっと知りたい人は、哲学事典などを見てください。

ここで重要なのは、カントがこれをエピグラフに選んだことであり、カントは右に挙げた引用部分を、まさにわが意を得た表現だと考えたのでしょう。そして、この中にカントの基本的哲学観、さらには当時の多くの哲学者――あるいは哲学に関わる知識人――に対する熱い挑戦が見て取れます。そして、それは現代日本で本書を読むわれわれに対する挑戦状でもあるのです。

すなわち、多くの――とくに知的な――現代日本人は、哲学者の代表格としてのカントの名前くらいは知っていて、さらに『純粋理性批判』くらいは知っているかもしれない。しかし、そのうちのたぶん九九パーセントの人が、それは高尚であっても、日常生活からかけ離れた抽象的なことを、むやみに厳しい難解な言葉を使って論じている代表例と考えているのではないでしょうか？

そういう印象をもたれても仕方ないところもありますが、ここで強調したいのは、カントは自分をまったくその逆だと信じていたこと。カントの有名な言葉に「私は高い塔より肥沃な低地を好む」というものがあり、彼には――ベーコンとともに――高い塔から肥沃な低地に哲学を引き摺り下ろしてきたという自覚がある。「批判」とは「形而上学批判」にほかならないのです。たぶん多くの読者が驚くであろうことは、カントは自分の哲学を「通俗的（populär）」と考えているということでしょう。つまり、自分の為したことは、たしかに大革新なのですが、それは単に哲学の「誤謬の終わりと限界」

を示したに過ぎない、哲学を本来の場所に戻しただけの謙虚な仕事だということです。

言いかえれば、カントが最も嫌ったのは、きわめて優れた直観力と洞察力を備えていなければ到達できないような「超人間的なこと」すべてなのです。そうではなく、誰にでもわかることをどこまでも正確に語ろうとすると、『純粋理性批判』の文章になる。カントは、本書において、まさに「いまここで見えているものが〈ある〉感じがすること」や「いま見ている、あるいは考えている私が〈いる〉感じがすること」、あるいは「私がさっきからずっと〈いた〉感じがすること」や「いま、私が腕を上げられる感じがすること」などを論じているに過ぎない。こういう誰もが知っていることに対して、一切の妥協や欺瞞を許さずに「なぜだろう?」と問い続けると……終わりのない「哲学」という名の営みにとらえられるのです。

さて、一頁めくると「ツェードリッツ男爵閣下に」という献上の言葉があります。当時は検閲が厳しく、後になって考えると、このように「高い塔」から哲学を引き摺り下ろすような危険な本書が、検閲を通過したことが不思議なのですが、とにかく当時プロイセンの文部大臣であったツェードリッツ男爵の好意的な計らいもあって、ようやく本書が刊行されたことを知る必要がある。のちに本書が、多くの国で禁書になったということも、ここに言い添えておきましょう。

これからもこの問題(『純粋理性批判』は、なぜ難しいのか)に何度も言及しますが、とりわけ現代日本人にとって本書が難しいのは、こういうところ、すなわちわれわれには本書はむしろ権威的で古めかしく見えますが、当時は「危険なほど新し過ぎた」ということが、実感的につかめないところにある。旧来の形而上学というカントの敵が見えないところ、カントがそれを茶化して書いているところ、しかも官憲の目を意識して遠まわしに書いていること……こういうことが読み取れないところにあります。

仕方ないのですが、誰でも初めは大真面目にカントの言葉に従って読み進む。すると、何が書いてあるかはわかるのですが、「なぜ」ここでこれを書いているのかがわからない。哲学塾の講義でも、内容について質問すると、みな比較的よく答えてくれるのですが、その背景について質問すると、とたんに沈黙してしまう、ということが何度も起きました。

ついでに、小話程度に哲学専門家の「雰囲気」を語りますと、カントは、カントの意図通り、それほど高級な哲学者とはみなされていない。むしろ、常識にかなった、その意味で「わかりやすい、バランスよく考え抜かれた」通俗的哲学者であるとみなされている。カントより、プラトンやアリストテレス、あるいはアウグスチヌスやトマス、あるいはデカルトやライプニッツのほうが偉大だという哲学者はうじゃうじゃいますし、この評価は専門家集団の中ではごく普通でしょう。

私が学生のころ、カントは一応哲学の基礎を学ぶのによい教材くらいに考えられていて、それからフッサールやハイデガー、あるいはカルナップやクワインといった「もっと高級な」哲学者へと移行するのが普通でした。当時の私は、いつまでもカントにしがみついている自分を「かっこ悪い」と恥じたものです。

だいたい、次のように言えると思います。カントは哲学の初心者にとっては、とても「難解で高級に」見える。しかし、しばらく哲学を学んでいくうちに（そうですね、博士論文を書くくらいになると）、だんだん「単純で低級に」見えてくる。しかし、さらに哲学の経験を積み、浜の真砂のように多い哲学者たちの見解もわかってくると、あらためて「偉大に」見えてくる。

ということで、いよいよ第一版の「序文」に進みましょう。

3 「理性」と「人間的理性」

「序文」は、次の有名な文書から始まっています。

人間的理性はその認識の或る種類において特異な運命をもっている。それは、人間的理性が、拒絶することはできないが、しかし解答することもできないいくつかの問いによって悩まされているという運命であって、拒絶することができないというのは、それらの問いが理性自身の本性によって人間的理性に課せられているからであり、解答することができないというのは、それらの問いが人間的理性のあらゆる能力を越え出ているからである。

（二五頁）

この部分は『純粋理性批判』全体の中で最も有名な文章とも言え、ちょうど『源氏物語』の「いづれの御時《おんとき》にか、女御更衣《にょうごこうい》あまたさぶらひたまひけるなかに……」とか、『徒然草』の「つれづれなるままに、日暮らし、硯に向かひて、心にうつりゆくよしなしごとを……」という出だしのようなもので、秀才の高校生（ギムナジウムの学生）なら、ほとんど暗記しているところです

さて、この文章には数々の「問題」が潜んでいますが、最も問題になる言葉が、最初の「人間的理性（der menschlichen Vernunft）」です。その前に「理性」が大問題であって、「理性とは何か？」は『純粋理性批判』を全部読んではじめてわかるとさえ言えます。

現代日本人が翻訳で『純粋理性批判』を読むときには数々のハードルがありますが、それについて「理性」という言葉にそって少し触れておきましょう。まず、先に言ったようにカントはラテン語の

“ratio”をドイツ語の“Vernunft”に訳し、それをさらに明治時代のわが国のカント学者が「理性」と訳した。これだけで、二段階の翻訳を経ていますが、まとめてみると、もっと大変です。「理性」と漢字で表された哲学用語の背後には、少なくとも四つの隠された層があります。

1 “rartio”本来の意味。
2 “Vernunft”の普通の意味
3 カントが使っている“Vernunft”の意味。
4 「理性」という日本語の普通の意味。

ここでは、説明は表面だけに留めておきますが（あとで何度も繰り返します）、“ratio”は本来、比例のような形式的・合理的なものですが（“rational”は「合理的」と訳されますが、「理性的」とは相当異なる語感です）、とくに英語の“reason”では「推理」という意味が前面に出てくる。しかし、ドイツ語の“Vernunft”は“vernehmen（聴き取る）”という動詞の名詞化であって、まるで原意が違う。どうでしょうか？ カントは“ratio”をまったく語源の異なる“Vernunft”と訳しながら、それに“ratio”と同じ意味をもたせるというアクロバットを演じたのです。そして、われわれはこれを漢字で「理性」と訳しながら、現代日本語の「理性」の普通の意味からは相当ずれて、カントにそって“ratio”の訳である“Vernunft”の訳として理解しようする、というウルトラ・アクロバットを演じているわけです。こういうめんどうな概念史上の問題はそのつど触れますので、ここではいったん打ち切りましょう。

さて、さらに現代日本人にとってなかなか受け容れられないのは、理性とは人間が有しているある種の能力ではなく、初めから人間を超えた意味をもっているということでしょう。

1　理性的存在者
2　感性的・理性的存在者
3　人間的・感性的・理性的存在者

よって理性とは、神をも含み、天使や高級な存在者A、B、Cなどが共通に具えている能力であって、それをまとめて「理性的存在者」と言う（1）。そして、そのかなり劣等なメンバーが人間なのです。劣等である理由は、身体をもっているからであり、身体は物体ですから、「いま・ここ」からしか世界を知覚し、さらに認識できない。すなわち、それは「いま・ここ」から離れた途端、感性的直観に基づいた推理によってしか対象をとらえることのできない、劣った存在者なのです（3）。

その場合、カントは、人間的身体以外の「感性」をもった感性的・理性的存在者を考えているか否かが問題になる。それは、この宇宙で人間とは異なる身体をもった存在者がいるというようなレベルの話ではなく、時間や空間ではない、感性の形式を有する存在者がいるかもしれない、という壮大なレベルの話です。

こうした存在者はカントの哲学体系の中では、ほとんど役割を果たしていない。ですから、2はカットしていいように思います。すると、1と3が残り、1のうち3を除いた存在者、すなわち「非感性的・理性的存在者」が抉り出されますが、これはとくに倫理学において数々の重要な役割を果たします。その場合、現代日本人は、こうした存在者とは何かを説明するさいの「作業仮説」だと考えてしまいがちですが、カントはまさに「非感性的・理性的存在者」が「現に存在する」と考えていたということを銘記しておいてください。

人間という感性的・理性的存在者は、理性に「感性＝身体」という異質なものが付着した、異様な

――あえて言えば、内部で矛盾した――ものなのです。そして、「人間的理性」とは、こうした「濁った・矛盾した」感性的・理性的存在者の理性のことです。こうした実感がないと、「人間的理性」という言葉のニュアンスはなかなかわからないでしょう。

もちろん、この背景にはキリスト教の人間観がありますが、「人間的」という言葉も現代日本人の抱いている意味とはずいぶん異なっていて、「不完全な」という意味とほとんど同義です。そこでは、時間的・空間的に有限な身体をもち、理性に反逆する感性（欲望）をもち、それに人間理性は絶えず影響され汚染されている、という図式が成立している。それは、被造物であって、さらに原罪を犯したものなのです。

その典型が、ニーチェの初期の作品『人間的、あまりに人間的』です。これは、あまりに愚かで醜く、くだらない人間を解剖するという試みであって、カントの感性的・理性的存在者のマイナス面を誇張したもの――その意味で、カントに直結するもの――と言っていいでしょう。

こうしたことを知らないと、先の引用部分を正確に読むことはできないでしょう。つまり、なぜ人間的理性は「特異な運命をもっている」のかと言うと、理性的存在者の中で「感性＝身体」をもった「特異な」存在者だから。しかも、このことは人間が選んだことではない。「それらの問いが理性自身の本性によって人間的理性に課せられている」という部分はこれを表している、人間は被造物ですから、何ものか（神？）によって、こうした運命に投げ込まれたのであり、その理由を知らないのです。

しかも、その運命とは、拒絶することはできないが、しかし解答することもできないいくつかの問いによって悩まされている、という過酷なものです。初めの「認識の或る種類」と最後の「人間的理性のあらゆる能力を越え出ている」とが呼応していて、つなげると「人間的理性のあらゆる能力を越え出ている、認識の或る種類」であり、具体的には「神はいるのか？」「私は自由なのか？」「私は不死なのか？」という三つの問いです。

これは、ソクラテスの「愛知者＝哲学者」の見方とほとんど同じだと言っていい。すなわち、「愛知者＝哲学者」は、真理を問い、かつその解答を知っていると自称している「知者」と、そもそも真理を問わない「無知者」との中間にいる。すなわち、「愛知者＝哲学者」とは真理を問い続けながら、さしあたり解答を知らない者、死ぬまで真理に焦がれ続ける者です。

4 「主観的」という意味

さて、前節を通して、私が読者諸賢に訊きたかったのは、哲学を志す者（愛知者）は、ほんとうに「拒絶することはできないが、しかし解答することもできないいくつかの問いによって悩まされている」のか、そうではないのではないか、ということです。

これは、哲学という業界に長くいればいるほど痛感する。カントのように、真剣に「悩まされている」人がどれほどいるであろう？（私を含めて）みな、いかにもそんなポーズをとっていますが、ほとんどの哲学（研究）者、例えばカント学者は、次第にカントのことがわかってきて面白いだけなのではないのか？「カントのように哲学する」ことを忘れ、「カントについて哲学する」ことに堕してはいないのか？

まして、カントを研究しながら、当の本人はほんとうにこの三つの問いに「悩まされている」のか？こういう問いです。「神はいるのか？」という切実な問いがないままに、「カントの宗教論」を研究している人、「私は自由なのか」という切羽詰まった問いがなくて、「カントの自由論」を議論している人は、ゴマンといます。

だいたい、現代日本人のほとんどは、この三つの問いに悩まされてはいないだろう、というのが私の「感触」です。むしろ、「俺は、どういう仕事に向いているのか?」とか、「何で私は、みんなから嫌われるのか?」、あるいはもっと「高級な」問いであっても、「なぜ戦争が起こるのだろうか?」とか、「なぜ社会にはこれほどの貧富の差があるのか?」とか、まさにいまなら「新型コロナウイルスの特効薬はいつ開発されるのか?」というような問いではないでしょうか?

つまり、これが決定的に重要なのですが、やはり「自他の幸福」に関する問いではないのか? いま、テレビを見ながらつくづく感じますが、「神はいるのか?」「私は自由なのか?」「私は不死なのか?」という問いは、まさに危機的状況だからこそ、誰も問わない。それなのに、カントを学ぶときは、このすべてを忘れて、人間理性が最も関心を寄せる三つの問いというカントの文言に対して、反撥や反感を覚えないのか、これがオカシイと言いたいのです。

なお、補足ですが、この三つの問いは、伝統的な「特殊形而上学」に呼応しています。そのテーマは、「神学」「宇宙論」「魂論」ですが、カントの「超越論的弁証論」は、これに対応して「理想」「二律背反」「誤謬推理」となっている。そして、これも説明すれば長くなりますのでカットしますが、第三の二律背反で「自由」が扱われているのです。

あと、質問が二つありました。①「認識の限界」は認識できないはずなのに、なぜカントにはそう言う権利があるのか? ②人間すべてが間違っているような場合、それが真理になってしまっていいのか?

いずれも、長々と議論されてきた基本的問いであり、さまざまな答えが出されていますが、それを語るのはちょっと時間（枚数）がかかるので、次回あるいは次々回に延ばします。他の方も考えておいてください。

さらに、前節の箇所について補足しておきますと、最初の「人間的理性はその認識の或る種類において」における「認識」という言葉は――日常言語の意味とはずれた――独特の意味を担っている。現代日本語では、「認識」は、①主観的なとらえ方、②刺激を受容している、という意味で使われているように思われます。①は官僚や政治家が「私はそう認識しております」という言い方であって、「客観的事実は知らないが、とにかく私は個人的にそう理解している」というほどの意味。個人の理解の仕方について文句は言えませんから、責任逃れのときによく使われます。そして②は「コンピュータが認識していない」という言い方であり、「正しく機能していない」というほどの意味でしょう。

この両者に共通しているのは「主観的」という意味です。その有機体にとって、あるいはその機械にとって、認識は成立する。しかし哲学の分野では、「認識」はドイツ語の“Erkenntnis”の訳語なのですが、とくにカントから「人間的・客観的認識」に限定されるようになった。よって「神を認識する」と言ってはいけないし、「私の個人的認識は」と言ってもいけない。そして、この傾向は新カント学派に至ってさらに「科学的認識」に限定されるようになった。じつは「認識論（Erkenntnis-theorie）」はこうした文脈にあって、「神の認識論」や「動物の認識論」などは矛盾概念なのです。このあたりは、長くカントを読んでいると麻痺してきますが、ずいぶん日常言語からはずれている。英語では“knowledge”ですが、これはずっと広い意味をもっています。

もう一つわかりにくい言葉を挙げましょうか。それは一四頁の引用三行目の「理性自身の本性（Natur）」における「本性（Natur）」という言葉です。これは、「自然」とも訳されますが、どうも二つのイメージが重ならない。この言葉に関しては、ヒュームの『人間本性論（*A Treatise of Human Nature*）』が有名ですが、ドイツ語の「本質（Wesen）」に似ていて、それなくしてはそれではないものです。ですから、人間の本質は「理性」となる。そして「本性」は「与えられたものであって、自分ではどうしょうもないもの」という意味が強くなり、「人工、人為、技巧」などと対比される言葉です。すなわち「自然（Natur）」によって与えられたものが「本性（Natur）」であるわけです。

よって、「それらの問い」は本性だから「課せられている」のです。ちなみに、「課せられている」のドイツ語は"aufgegeben"ですが、これは「与えられる（gegeben）」の類語です。

さらにもう一つ。最後の行の「人間的理性のあらゆる能力を越え出ている」における「能力」のドイツ語は"Vermögen"ですが、この本来の意味は「財産」であって、人間には豊かな財産が与えられているのですが、それらを総動員しても答えられない問いだということ。

第一章　危険な問い

1　カテゴリーの使用

さて、二五頁の段落からです。

> こうした当惑に人間的理性がおちいるのはこの理性の責任ではない。人間的理性は、経験の経過におけるその使用が不可避的であり、また同時にその使用がこの経験によって十分確証されている諸原則から始める。
>
> （二五頁）

この部分は、カントによくあるように、文字面からなんとなく読めてしまいますが、本来の意味はとんでもないところにあって、これから解説しますが、多くの読者は、考えてもみなかったと思うことでしょう。

出だしの短い文章はいいですね。「この理性の責任ではない」のは、人間理性は自分で自分の本性を造ったのではないからです。人間理性が不完全であって、神、自由、不死をめぐる先の三つの問いに答えられないことに責任はないのです。しかし、右の文章は曲者です。「不可避的であり、また同時に……始める」とは何でしょう？　カントを読み慣れている人は、すぐ「あれだな」とわかるのですが、そうでないと、ここを「一般的意味」としてとらえてしまう。すなわち、次の文章にも連関しますが、人間的理性は「経験」という自分が見知った低地から、どんどん高く舞い上がっていって自分が知らない高みに至る本性をもっている、という具合に。

しかし、これは間違ってはいないのですが、カントが伝えたい正確な意味をとらえていない。じつは、カントはこの文章にきわめて限定した意味を与えているのです。それがわかるためには、「経験」「使用」「諸原則」とは何であるかを正確にわからねばならない。ここで、専門的知識が必要なのですが、「使用」のドイツ語は“Gebrauch”であり、「経験」のドイツ語は“Erfahrung”であり、「諸原則」のドイツ語は“Grundsätze”なのですが、それぞれ日常言語からは隔たった固有の意味をもっている。

「経験」からいきましょう。普通、経験とは「ある人の人生行路において出会う出来事のすべて」くらいの意味で解されている。あるいは、哲学的知識を多少もっている人は、「経験論」という言葉から推察して、「経験」とは、夢や幻ではなく、といって数学や論理学の世界ではなく、「自分が実際に知覚して確かめることをベースにして成り立っている出来事の全体」、すなわち「自分が実際に経験したことの全体」というくらいまでは考えられるでしょう。

しかし、カントの「経験」はまるで違うのです。それは、むしろ諸物体が法則に従って静止ないし運動している世界の全体、すなわち「(ニュートン物理学的)自然」とほぼ同じ意味です。ですから、それは客観的ですし、必然的であり、そこには自由も偶然もない完全に決定された世界です。ですから「主観的な経験」と言ってもいけないし、「特定の経験」と言ってもいけない。

次に「諸原則」ですが、これは、ここでは「カテゴリー(範疇)」のことです。これを説明したら切りがないのですが、例えば「因果律」は自然を観察して帰納的に導かれたものではなく、むしろ逆で、理性（悟性）の中にもともと具わっていて、われわれがこうした形式で自然をとらえるから、自然は総じて因果的なのだ、とカントは考えている。

そして、最後に「使用」ですが、これは、この部分に限れば、一般的な意味から逸脱していないのですが、じつはカテゴリーや経験とともに使われるとき、きわめて限定された意味を担っている。すなわち「使用」とは「適用（Anwendung）」と対立した言葉であって、「原則＝カテゴリー（因果律）」を経験に限定して使うのが「適用」であるのに対して、そうした限定なしに、すなわち経験から始まりながら、経験を超えてまで使うのが「使用」です。具体的には、因果律を「第一原因としての神」にまで「使用」してしまう。

あと一つありました。「可能的な経験使用」における「可能的（möglich）」という言葉です。「可能性」には「論理的可能性（logische Möglichkeit）」と「実在的可能性（reale Möglichkeit）」があり、前者は矛盾しなければ何でもよく、思考可能という意味での可能性ですが、ここでカントが使っているのは後者の「実在的可能性」です。では、それは何かということをしっかり説明しようとすると、やはり数十枚かかりますので、ここでは、最も基本的なことだけに絞ります。カントにそって言うと、「実在的可能性」とは、「（現象的）実在性」とここにおいては言いかえることができ、カテゴリーという思考形式と時間・空間という直観形式の制約のもとにある、あり方です。

やはり、いちばんわかりやすいのはニュートン物理学であって、運動法則に適うすべての諸物体からなる世界です。これは、「現実性（Wirlklichkeit）」とは異なり、まだ実現されていない未来の世界も、やはり運動法則によって予測される限り、実在的なのです。

さて、以上の考察に基づいて、ふたたび先の文章を見てみましょう。

人間的理性は、経験の経過におけるその使用が不可避的であり、また同時にその使用がこの経験によって十分確証されている諸原則から始める。

この文章は、次のような意味になります。

人間的理性は、物理学的自然にそって因果律を使用することが不可避的であり、同時にその使用は物理学的自然によって十分確証されている因果律から始める。

因果律の「使用」が物理学的因果律「から始める」という言い回しのうちに、やがてそれを超えるという含みがあることまで読めれば、たいしたものです。

2　人間的理性は可能的経験を超える

これに続く文章の意味は、すぐわかるでしょう。実際、因果律の使用を、「始めること」が、ただちに「超えること」に繋がっていく。

これらの諸原則をたずさえて人間的理性は（これもまたこの理性の本性に必然的に伴うことであるのだが）ますます高く上昇し、いっそう遠くへだたった諸条件へと向かう。（二五頁）

ですから、人間理性は、因果律を本性上、物理的因果性に使用することから始めながら、これも本性上、その適用領域を超えて、第一原因に使用するように高く上昇していくのです。この次の文章は読みにくいかもしれない。

しかし人間的理性は、問題はけっしておわることがないゆえ、このような仕方ではおのれの業務がいつでも未完結のままにとどまらざるをえないということに気づくので、そこでこの理性は、すべての可能的な経験使用を越え出るが、それにもかかわらず、普通の常識すらそれらと一致するほど信頼できると思われる諸原則へと、逃避せざるをえないと認める。（二五―二六頁）

はじめに訳されている「問題は」は「問いは」のほうがいい。人間理性は「神は存在するのか？」と問い続け、それに経験のうちで科学的に答えられないことを知っても、問い自身は「けっしておわることがない」のです。「そこで」からは、たぶん多くの人が誤解するに違いない。嘘だというのなら、ここでこのテクストを読むのを中断して考えてみてください。そして、次に掲げる「正解」と照らし合わせてみてください。ほとんどの人が、「こう」は読まなかったはずです。

しかし、その前に一つ決定的な誤訳を指摘しておきましょう。それは、だいたい日本語の響きからしておかしいのですが、「普通の常識」という訳語です。もともとのドイツ語は“die gemeine Menschenvernunft”であって、文字通りの意味は「普通の人間的理性」です。では、訳者は「人間的理性」と「常識」とを取り違えたのかと言うと、そうではなさそうで――もっと悪いことに――、辞書には“Menschenvernunft”に「常識」という意味がありますから、それをポンとここにもってきて

「普通の常識」というへんな日本語にしてしまった。その安直な態度の罪は重いと言わざるをえません。ついでに、もう一つ文句を言うと「経験使用」の原文はたしかに"Erfahrungsgebrauch"なのですが、「経験への使用」と訳してもらいたいところです。

ここで、この翻訳の舞台裏を言っておくと、もともとの訳者は原佑先生ですが——私も習いましたが——、誤訳が多く、先生の亡き後、平凡社ライブラリーに入れるに際して渡辺二郎先生が——この先生にも習いました——、東京大学の大学院生——私より一〇歳くらい若い——を集め、改訳したものです。ですから、総じて正確な訳になっているのですが、ところどころいかにも素人くさい、まずい処理の仕方をしている。

それは、時に応じて指摘をしますが、ここもその一つです。

しかし、「普通の常識」を「普通の人間的理性」と置きかえても、「普通の人間的理性すらそれらと一致するほど信頼できると思われる諸原則へと、逃避せざるをえない」とはいかなることか、皆目わからないに違いない。ここで、先の「実験」をしてみましょう。各自、私の原稿から離れて、とにかく「これだ」と思われる解答を出してみてください。そして、そのあとで、次の「正解」と照らし合わせてください。

「諸原則」はカテゴリーですから、人間的理性がカテゴリーへと「逃避する」とはいかなることか？　ここで「人間的理性」の前に「普通の〔gemein〕」という形容詞がついていますが、この語は「通俗的な」という意味に近い。すなわち、——現代日本人とは逆に——当時のヨーロッパのごく通俗的な人は「神はいるのか？」などとは問わず、神は「いる」に決まっていると考えていた。言いかえれば、第一原因や第一実体は「ある」と確信していた。

このことをカントは、「カテゴリーへと逃避する」と言っているのです。

これこそ、批判の要であって、人間的理性はカテゴリーを有しているのですが、それをごく自然に経験を超えて「使用して」しまう。なぜなら、神を意味する、第一原因や第一実体がほしいからです。その意味で、経験を超えてまで使用できるカテゴリーは、まさに「普通の理性的認識すらそれらと一致するほど信頼できる」のです。

以上が「正解」です。すなわちカントによれば、普通の人間的理性は、こういう仕方でカテゴリーを使用することに「逃避せざるをえない」ということ、誤謬に陥ることが必然的だということです。それが、次の文章に繋がるわけですが、ここまでにしておきます。どうでしょうか？　カントを読むのは面白いでしょうか？　あるいは、難しいけれど、面白いでしょうか？　あるいは、言われてみればわかるけれど、自分ですべてを正確にわかるほど時間と労力をかける気がしない（バカらしい）、でしょうか？

3　答えるのに危険な問いに

ここまでは、言語にこだわりすぎたかもしれませんが、もう少し続けると、『純粋理性批判』を平凡社ライブラリーで読むということは、ラテン語をドイツ語に訳し、そのドイツ語を日本語に訳したものを読むということであり、それがカント特有の横綱級の悪文ですから、注意に注意を重ねなければ読めない。しかも、その悪文は、努力すればどうにかわかってしまう（気がする）ゆえに、さらに危険なのです。

ここではまず、いままで寄せられた質問を片づけてしまいましょう。

まず、Kさんからの質問が二つ保留してありました。ともに、答えるのにかなり厄介な問いなのですが、①は、認識の限界を、なぜ認識できるのかという問いであり、②は、人間全体が共通に誤っているとき、それは真ではないか、という問い。こうした問いを受けるたびに痛感しますが――それがいけないのではないのですが――、「問い」が、ある前提のもとに――ミシェル・フーコーの用語を使えば、「エピステーメーの枠」のうちに――あることであり、その前提（ないし枠）がカントとは違うということです。

現代人にはなかなか考えにくいと思いますが、カントは人間中心主義ではなく、理性中心主義であり、理性とは人間の能力に限られないのです。むしろ、カントにとっては「理性」がすべてを取り仕切る「主語＝主体」であって、理性は人間理性の認識の限界をも知っている。

そして、カントの場合、「認識」はきわめて限定された意味、すなわち時間・空間においてカテゴリー（因果律）に従って知るという意味しかもたないので、神は認識できないに決まっている。そして、カントは、われわれ人間にとって認識以外の知り方は「理念」というものしかないとも決めているので、神は理念というかたちで「ある」以外ないのです。

しかし、現代人は――論理実証主義がその典型ですが――、こういう「認識」の使い方を認めず、客観的に知ることを一般に拡大し――じつは、その中核に「科学的方法によって」という意味を含ませて——、一義的な意味を与える。すると、Kさんの質問のように、「認識できないことを認識する、というのは矛盾である」という見解が出てきてしまうのです。

②もまったく同様に答えられ、現代人は——これも論理実証主義が典型ですが——真偽を一通りしか認めず、そのモデルはやはり数学的ないし自然科学的真偽です。すなわち、「真」とは論理的整合性、あるいは「雪は白い」という命題と「雪は白い」という事実との一致であり、しかもそれが検証〈観察〉可能でなければならない。よって、「神は完全である」という命題は真でも偽でもなく、無意味になるわけです。

たしかにカントは、現象的（経験的）実在性の「うち」にのみ認識論的真偽を認めたのち、そのレベルで真である事象が、果たしてそれを超えたレベルでも真であるのか、と問うてみても——あるいはKさんのように、そのレベルで偽であっても、人間共通の錯覚かもしれない、と問うてみても——、それを決めることのできる経験を超えたレベルの実在世界をカントは認めませんから、そもそもこの問いが無意味になる。しかも、この問いは「神はいるのか？」という問いとは異なり、「実践的関心」に基づいてはいない。よって、理念ですらないのです。

これは、次の、Tさんの質問に連関します。それは、「神はいるのか？」という問いは、理性から出ているのではなく、むしろ不安のような感情に由来するのではないか、という質問ですが、これは、当時ミュンヘンを中心に活躍していたフリードリヒ・ヤコービの見解で、カントはこれを完全に否定します。このことは、彼がフランシス・ハチソンやアダム・スミスの道徳感情論に激しく反撥したことと重なる。

この場合、哲学の議論は「事実、こうではないか」というより、「こうであるはずだ」というふうに進んでいく。あえて言えば、結論が先にあって強引に理由づけしていくのです。カントもまさにその通り、理性主義ですから、「理性」にすべての高級な問いの源泉を求めたい。そこで、ちょっと神の話は脇においておくと、道徳感情論者との違いはきわめて微妙なものになっていく。カントは道徳の——すなわちわれわれ人間の道徳意識の——源泉は理性と考えるのですが、道徳感情論者は人間特有に具わっているある感情（すなわち道徳感情）だと考える。カントは『実践理性批判』の「動機論」で、「尊敬」という人間に特有に具わっている感情をもちだして、たしかに道徳（法則）を尊敬するという特有の感情がわれわれ人間の内に認められるが、それが道徳の源泉なのではない。道徳の源泉はあくまでも理性なのだ。なぜなら、理性がその感情を「ひき起こす」のであるから、という苦しい「答弁」をしています。こうなると、「理性」や「感情」という言葉の問題になり、哲学者ごとにそれらに与えている意味がずれているので、議論が嚙み合っていないのですが、哲学の歴史とはずっとこんなものでした。

考えてみると、「神はいるのか？」という問いをめぐる対立だって、「いる」という言葉をめぐる戦いだともみなすことができる。このことを強調したのが、分析哲学者——とくに初期の論理実証主義者——ですが、他の大多数の哲学者たちはそうではないと思っているので、今度は、「神はいるのか？」は、言葉の問題にすぎないのか、そうではないのか、という対立になってしまう。

次第にTさんの質問の趣旨とは逸れていくようですので、元に戻ると、「神はいるのか？」が、「理性」の問題なのか「感情」の問題なのかは、言葉の問題なのか、それ以上の問題なのか、という問いを熟考したうえでなければ、哲学的にしっかりした問いにはならない、ということを添えておきましょう。

次はHさんからの質問です。整理してみると、カントは「非感性的・理性的存在者」と「感性的・理性的存在者」とが「いる」と考えているが、それでは、①「非感性的・非理性的存在者」も、②「感性的・非理性的存在者」（すなわち動物）も「いる」と考えているのか？　こういう質問です。「判決の主文」から言いますと、この文脈（認識をめぐる文脈）では、①も②もカントの視野にありません。認識できるのは、「理性的存在者」だけに決まっているのであり、そのうちで高級な「非感性的・理性的存在者」と低級な「感性的・理性的存在者」とがいるだけ。動物が認識できると考えていないのは、机が認識できると考えていないことと同じです。

これが、理性主義（ロゴス中心主義）の「教義（？）」であって、人間と動物とのあいだに太い線を引く。なぜなら、言葉をしゃべるものとそうでないものとのあいだの区別こそ最重要な区別だからです。しかし、これが進化論を漠然とでも信じている現代人にはわからないのでしょうね？　この太い境界線が薄れていくのは、一九世紀後半のニーチェやベルクソンあたりからであり、本格的に消そうとするのは、二〇世紀中頃のポストモダンからです。

さて、意外に長くなりました。いま答えを書き終わって考えたのですが、本講義は、必ずしも『純粋理性批判』を逐一解釈することを目的にしなくてもいいのではないか、本書に結晶化されている「理性主義」をわかってもらい、それを通して、哲学すなわち西洋哲学がわれわれ現代日本人にとっていかに違和感のあるものであるか、このことをわかってもらえば、それでいいのではないか、と思うようになりました。

考えてみますと、私はいまから四〇年前のこと、三三歳でウィーンに飛び、その四年半後に帰国したのですが、その後、見聞したわが国の学界やジャーナリズムの有り様はまさに「（新）東方見聞録」

でも書きたいほどの異様なものでした。みな、心の底から信じてもいないことを、あたかも信じているかのように語っている。日々の生活はまったく非理性的であるのに、理性主義を高く評価している。そして、いちばん怒りに燃えた、いや腹をかかえて笑いたくなったのは、日頃言葉なんかまるで信じてもいないのに、ヨーロッパから新たに輸入したポストモダン、すなわちロゴス中心主義批判が花盛りであったこと、これには、たまげましたね。頭の片隅においてでも「言葉＝ロゴス」など信じたこともないのに、ロゴス中心主義を「批判」しているのですから！

深い絶望とともに、私はあらためて理性主義——その権化とも言えるカント——がいかにわれわれ現代日本人にとって疎遠であって、「わからない」はずのものであるかを強調するようになった。安直に「わかったつもり」になってはならない、と思うようになったのです。

哲学が難しいのではない。理性主義が難しいのです。それは、われわれ日本人にとって想像を絶した考えであるために、いや、自分たちが生活している現場に流布している考えと真逆であるために、手に負えないほど難しいのです。

つい、熱が入ってしまいました。じつは、このことが、『純粋理性批判』の中のどの命題よりも私が伝えたいことなので……。

閑話休題。『純粋理性批判』「序文」に戻ります。

4　果てしない抗争の戦場

しかしこのことによって人間的理性は曖昧と矛盾のうちへとおちいるのであって、そうした曖昧と矛盾とからなるほどこの理性は、どこか根底に隠れた誤謬がひそんでいるにちがいないと推定することはできるとしても、だがその誤謬を発見することはできない。
（二六頁）

カントはもちろん、ただの人間なのですが、劣った「人間的理性」の立場と、それを超えた「理性」そのものの立場という両方を眺めやる——神のような——視点に立っている。これが、古典的理性主義の立場と言えましょう。典型的にはスピノザであって、主著『エチカ』には著者名がない。なぜなら、これは真理そのものであって、スピノザが書いたことはどうでもいいからです。古代ギリシャからキリスト教の預言者も含み、哲学者たちは自分の発する言語が「どこか自分とは他のところ」からきて、自分はそれを伝達する手段に過ぎないという実感をもっていた。こうした言語観は現代ではすたれていて、とりわけ現代日本人には違和感のあるものでしょう。

ただし、現代人は、数学の言語ならこれを認める。ユークリッド幾何学の言語が、ユークリッドの個人的見解ではないことは承認する。彼はただこの言語を、いわば「発見した」者に過ぎないことを認めるのではないでしょうか？　でも、なぜか哲学の理論にはこれを認めないのです。各人、「なぜ」だか考えてみてください。

右の引用部分は、まさにカントが古典的理性主義の系譜に位置することを示している。面白いもので、『純粋理性批判』の目標は人間理性の限界を示すことですが、カントはその限界を「知る」位置に立てると思っている。それは、ふたたび確認すると「理性的存在者」一般の位置（A）と「感性的・理性的存在者」の位置（B）です。

ここで、あらためて『純粋理性批判』というタイトルの意味を考えてみますと、「理性（一般）が（感性的）理性を批判する」となります。ということで、右の引用箇所を見直してみましょう。この長い文章は三つの部分から成っているとみなせます。

① 人間的理性は曖昧と矛盾のうちへと陥る。

② そうした曖昧と矛盾とから、理性は、どこかその根底に隠れた誤謬がひそんでいるにちがいないと推測することはできる。

③ だがその誤謬を発見することはできない。

こうして、カントは一方で、こうした状況を眺望しているもの（A）の立場から書いているのですが、他方で、こうした状況に巻き込まれているもの（B）の立場からも書いている。なお、ここで使われている「誤謬」とか「矛盾」は、厳密な意味ではなく、ただ「理にかなっていないこと」、あるいは「納得できないこと」くらいの意味です。すると、何かへんだ、ともがいているレベルですと（B）であり、その正確な理由を見通しているレベルだとすると（A）ということになって、（A）と（B）は微妙にずれてきます。

というのは、人間的理性が利用するそれらの諸原則は、すべての経験の限界を越え出てゆくので、経験という試金石をもはや承認しないからである。（二六頁）

これは、ここまでの知識でわかるでしょう。人間的理性は諸原則、すなわち実体とか因果律とかいうカテゴリーを、経験すなわちニュートン力学に適用するのみならず、その「限界を越え出て」使用してしまう。そして、思考の対象に過ぎない「不滅の魂」という「思惟実体」とか、「神」という「第一原因」などが実在するかのように思い込んでしまう。しかもこれらは、「経験という試金石」、すなわち観察と実験によって真偽が決まるとはみなされていない。

ここまではいいでしょう。最初に「というのは」とありますので、この文章全体が理由を語っていることがわかる。すなわち、「どこか根底に隠れた誤謬がひそんでいるにちがいないと推測することはできるとしても、だがその誤謬を発見することはできない」こと、その理由です。そして、明らかにこれは（A）の立場から語っているのですが、あたかも（B）の立場に身を置いているかのような語り方をしている。（B）は、「不滅の魂」とか「神」をカテゴリーだけから手に入れたけれど、どこかへんだなとは感じているのですが、「その誤謬を発見することはできない」のです。

ですから、ここに前の文章をつなげると、これらの思考対象は「経験という試金石をもはや承認しないから、誤謬を発見することはできない」のです。

どうでしょうか？　まさに「理性（それ自身）が（感性的）理性を批判する」仕方が、ありありと描写されていることがわかったのではないでしょうか？

5　形而上学の二義性

さて、このあと、突如として次の文章がきます。読者は面喰らうことでしょうが、これはカントも計算ずみのこと。当時の読者は、ここであっと驚いたことでしょう。まことに悪趣味なことに（?）、カントはまさに「あっと驚かせようとして」、こう書いたのです。

この果てしない抗争の戦場こそ形而上学と呼ばれているものである。　（二六頁）

まず、ぜひとも言っておかねばならないことは、この「形而上学」と訳された“Metaphysik”は、ひどい誤訳だということです。幸い（?）、あまりにも「高尚」であって誰もわからない意味なので、詮索を免れてきたと言っていい。これは、もともとアリストテレスの「自然学（Physik）」の次に配置された書なので、「自然学の次」という意味をもっている。ギリシャ語の“meta”とは、まず「次」とか「後」という意味なのです。しかし、英語の“after”やドイツ語の“nach”も同じですが、これらには「～について」という意味もある。そこで本書は、「自然学の後に、自然について論じる」書というもっともらしい意味を獲得した。自然学は自然について論じるのですが、形而上学、すなわち「メタ自然学」は自然学について論じるのです。

ここまでは一応つじつまがあっている気もする。しかし、問題は「形而上学」という漢字です。この語は「形」を基準にして（「形ある」ものに関する）「形而下」と（「形のないもの」に関する）「形而上」とに分ける。「きみ、そんな形而下的なことを言わないでくれたまえ！」というのが正しい使い方です。「なるほど。でも、神や魂について論じるのだから、これでいいのではないですか？」と問うとしたら、大間違い。アリストテレスにとって一般形而上学とは、「存在論（Ontologie）」にほかならないからです。そして、前に触れたように、特殊形而上学として、神学と宇宙論と魂論がある。しかし、少なくとも「宇宙論」は「形のないもの」ではないでしょう。

カントがここで言っている「形而上学」とは、カント的にバイアスのかかった特殊形而上学のことであり、ずっと絞っていくと、二律背反のテーマである、①世界は有限であるのか、それとも無限であるのか、②世界は微小部分から成っているのか、それとも無限分割されるのか、③自由が認められるのか、それともすべては完全に決定されているのか、④無条件者はあるのか、それともすべて条件づけられたものだけなのか、というテーマをめぐる「果てしない抗争」です。

しかし、もう一つ考えられる。それは、何度も言っているように、「神はいるのか？」「自由はあるのか？」「魂は不死なのか？」というテーマをめぐる「果てしない抗争」です。われわれは、神・自由・不滅の魂が欲しいからこそ、それらは「ある」という理論を立ててしまう。それがいままでの形而上学であり、いまやその態度そのものを「批判」しなければならないのです。

次の段落から、形而上学の歴史に入りますが、これはあくまでもカントの関心に基づいた〈歴史〉であって、全然（歴史学においてのような）客観的なものではない。まあ、カントにとっては客観的学としての歴史学という発想がまだなかったので（これはヘーゲルから）、仕方ないとも言えますが。

かつては形而上学が万学の女王と名づけられた時代があったのであり、だから意志することが実行することとみなされるなら、形而上学は、その対象の卓越した重要性のゆえに、もちろんこの尊称に値した。

（二六頁）

この文章が、具体的に何を意味しているかは比較的どうでもいいことですが、なんとなく意味はわかる。キリスト教が隆盛を誇った（いわゆる）中世では「哲学は神学のはしため」と言われたくらいですから、ここで言われる「かつて」とは古典ギリシャでしょうか。

それはさておき、右の引用文で一箇所わかりにくいところがある。それは、「意志することが実行することとみなされるなら」という箇所です。「意志することが実行することとみなされるなら」、形而上学はこの尊称（すなわち女王）に値した、となるわけで、解読の鍵は「意志（der Wille）」と「実行（die Tat）」との関係を読み取ることにある。すると、「意志はしたが実行はしなかった」という読み方がすぐに浮かんでくる。カントは、形而上学が「しよう」としていることはたしかに立派であったが、言っているだけで何の成果もないではないか、と非難しているのです。ドイツ語の“Tat”が「なされたこと」という結果の意味が強いことからも、こう読み取れます。

6　形而上学への軽蔑

> いまや当然のことながら、形而上学にあらゆる軽蔑を示すことが時代の流行となっており、この老貴婦人は。追放され見捨てられて、ヘクバのごとく、こう嘆くのである。いましがたまでは最高権力者、多くの婿たちや子供たちによる支配者――それがいまでは、追われ、哀れにも連れ去られてゆく――オヴィディウス『変身物語』 modo maxima rerum, tot generis natisque potens — nunc trahor exul, inops — Ovid. *Metam.*
>
> （二六頁）

カントはもったいぶった書き方をしていますが、「ヘクバ」については、この書（『純粋理性批判』原佑訳）後ろの「注」に簡単な解説があります。原先生は「注」が不親切なことで有名であり、渡辺二郎先生は親切なことで有名ですが、この翻訳においては不親切な原先生の流儀を「踏襲」したのは残念なことです（そもそもこの書の本筋にはあまり関係がありませんが、さらに知りたい人は、ウィキペディアにもある程度出ていますので参照のこと）。なお、最後のラテン語はかなりの受講者が解読できると思うので、試みてください。

それよりも、「いまや当然のことながら、形而上学にあらゆる軽蔑を示すことが時代の流行となっており」という箇所に、読者は「あれっ！」と驚かねばならない。どう考えても、これは客観的事実ではなく、カントの主観的思いに過ぎない。ここには、次のような彼の主観的思いがあります。

①　ベーコン、ガリレイ、デカルト以来、知の枢軸は数学や実証科学（自然科学）であり、形而上学は力を失ったこと。

②　自然科学（とくにニュートン力学）の華々しい成功に比して、形而上学はまったく進歩していないこと。

③　それは、形而上学に「批判」という方法が欠けていたからであること。

もちろん、デカルトにおいても、その後のロックやヒュームにおいても、「形而上学が尊敬されていなかった、軽視されていた」とまでは言えますが、「形而上学にあらゆる軽蔑を示すことが時代の流行となって」いるとは言い過ぎでしょう。こうした強調はカント独自の考えであって、思い切って言ってしまえば、カントは「形而上学にあらゆる軽蔑を示したい」ということであり、こうまで強調する理由は、ひとえに形而上学には、自分が登場するまで、その正しい方法である「批判」が欠けていたからです（③）。この理由が、直ちに②につながり、さらに①につながる。

これに連関して、「しかし哲学（Philosophie）（それが歴史的なものでないかぎり）はけっして学習されえず、理性に関して言えば、たかだか哲学すること（philsophieren）だけが学習されうるにすぎない」（『純粋理性批判』原佑訳、下、一六〇頁）というカントの有名な文章を検討してみましょう。これ、どういう意味かわかりますか？　これを「課題」にしましょう。左の「正解」を見る前に、各自、自分でまず答えを出してみてください。

対話1

まず、「正解」を書いておきます。

「哲学」に「それが歴史学的なものでないかぎり」という限定があることから、ここでカントは「歴史学的哲学」を排除していることがわかる。言いかえれば、広義の哲学と狭義の（真の）哲学とを区別していて、「歴史学的哲学」は狭義の（真の）哲学ではないとみなしている。それは、当時のヨーロッパの大学で行われていたアリストテレス研究やトマス研究であり（現代だとまさにカント研究であり）、カントはこれを「学習されうる」と言っていますが、「真の哲学でない哲学を学習する」とは、哲学に見えて、そうでないものを学習するということ、すなわち真の哲学を学ばないで、アリストテレスが何を主張していたかを正確に学習すること、丸暗記すること、憶えること……という意味でしょう。そうではなく、真の哲学は学習されえない。なぜなら、真の哲学（カントの批判哲学）はまだ「ない」から、学習されえないのです！

そして、それを学習することは、まさにカントと同じように哲学すること、すなわち批判することにほかならない。カントは、「哲学者」を「理性の技術者（Techniker）」と「人間理性の立法者（Gesetzgeber）」とに分けていて、前者は単に歴史的哲学を研究する技術者にすぎず、後者こそ「哲学する」者に呼応するとする。すなわち、「立法」とは理性的な立法であって、それはただ一つに決まっているのです――だから、先の引用箇所で「理性に関して言えば」という文句が入ったのでしょう。

まさに、以上の文章は「批判」の核心を語っていて、「哲学する」ことは、各自がみずからの理性以外の何ものにもよらずに、「正しく」思考することなのですが、それがとりもなおさず、カントのように「批判的に」思考することだ、ということになるのです。


どうでしょうか？　このことを、カントは「理性信仰（Vernunftglaube）」とも呼んでいます。まさにキリスト教ではなくて、「理性教」ですね。そして、こうした説明を聞けば聞くほど、あらためてこのような「理性信仰」に現代日本人は違和感を覚えるのではないか、と思われます。

このくらいにして、次に、いくつか出されている質問をとりあげてお答えしましょう。

現代日本人は一般に、ユークリッド幾何学は客観的であって、ユークリッド個人の見解（思想）とは思わないのに、哲学理論には、なぜ同じ客観性を認めないのか、という問いです。その答えは存外簡単で、否定的には、現代日本人には「理性」の普遍性に対する信頼がまるでないことに落ち着く。そして肯定的には、現代日本人は徹底的に科学・技術主義であって、科学的方法による客観性しか認めない――幾何学も算術も科学・技術を表現する手段としての限りで、客観性を獲得しているのです。

こうした枠のもとでは、カントが科学的客観性以外の客観性をいくら提案しても、カント個人の思想（個人的見解）とみなされてしまう。大方の現代日本人にとって、超越論的観念論や道徳法則は――知らないでしょうが、もし知ったとしたら――、カントの妄想に過ぎないのでしょうね。

そして、科学的客観性の背後には間主観性がそびえている。現代日本人にとって、すべての人が原理的に確証できるもの、すなわち同じ手段を使って同じ結果を得ることができるもの（だけ）が客観的なのです。ですから、「道徳法則」のように、方程式もなければ、矛盾律のように論理学や数学に適用できるわけでもなく、ただカントひとりが確信しているだけのものは、どうしても客観的とは言いがたい。まして、「道徳法則」が人間存在を超えて理性的存在者すべてに妥当する普遍性をもっているとなると、反撥以外の何ものも感じない。

このすべてが現代ではきわめて自然に見えるのですが、これも確固たるエピステーメーの枠をもっていることを知らねばなりません。それは、人間主義であり、科学主義（実証主義）であり、間主観主義です。

これを「理性」という点から見直してみると、現代人は、カントより徹底して感性的・理性的存在者の立場しか認めない。しかし、繰り返して言うと、カントは、人間はすべての理性的存在者と同一の理性をもっていて、かつ、これに人間固有の感性が接木されていると考えている。そして、はっきりと明言してはいませんが、事実上、両者を分離してとらえているのです。

ですから――現代人から見ると不思議なことに――、カントによれば、人間は「感性的・理性的存在者」の観点のみならず、「理性的存在者」一般の観点もとれるのであって、その視点からすると「感性的・理性的存在者」の限界を超えられる。これは、カントだけではなく、デカルトにもライプニッツにもヘーゲルにも見られるところであって、ヘーゲルは『精神現象学』の「序文」で、「真理は主観的にもとらえられねばならない」という有名なセリフを残している。言いかえれば、「理性」は客観（対象）としてのみならず、理性自身の側からとらえられねばならない、ということです。

逆に言えば、神も、人間同様、思考するときは矛盾律に従わねばならないのですが、現代人からすれば、こうしたことを人間である哲学者が主張することが越権行為だということになるでしょうね。

次に関連質問ですが、まずHさんから、経験がニュートン的自然そのものだとすると、普通私たちが「経験」と呼ぶような経験をカントはどう扱っているのか、というなかなかポイントをついた質問が届きました。これに答えることは、『純粋理性批判』の基本構造をすっかり語ることなので、いまはある程度しかできません。

カントは、経験を物体の運動するニュートン的世界だと明言しているわけではありません。彼は、経験を「外的経験」と「内的経験」とに分け、前者こそ主導的意味をもっているとする。すなわち、前者は完全に客観的・普遍的であって、一切の個人差・集団差・文化差・時代差によらないと考えるのです。なぜなら、経験を夢や幻から分けたいからであって、経験は物体の運動に基づいているけれど、夢や幻はそうではない。経験としての散歩は物理的運動ですが、夢の中の散歩はそうではないでしょう。

これは、(古典的) 物理主義と言われるものです。この場合、客観性の根拠は物体の運動であって、間主観性ではないことに注意してください。もし、すべての人――あるいは、ほとんどの人――の観察が一致するのが客観的に経験する散歩であり、そうでなく自分だけが体験する散歩が夢の中の散歩、という見解をとる場合、「個々の人間」を前提してしまっている。カントは、この前提には何の根拠もないと考えるのです。

ここまでくれば、あと一歩です。カテゴリーとはニュートン的自然の基本形式なのだから、経験における散歩が夢における散歩から区別されるのは、それがカテゴリーに基づいているからなのです。

こうして、あらゆる客観的経験はニュートン的自然に基づいているということと、あらゆる客観的経験はカテゴリーに基づいているということとは同じことになる。

しかし、これはHさんの質問の半分であって、あとの半分はやはり、私の「個人的経験」もあるのではないか、という問いです。これが、もう一つの「内的経験」であって、これは人間の数だけある。これは、各人が「いままで経験してきたことの全体」です。そして、カントの洞察は、「外的経験」は「内的経験」より優位に立つ――それを可能にする――ということ。いいですか？　どんな個人的経験でも夢や幻ではないのです。とすると、それは、「外的経験」と対応する限りで起こるのでなければならない。

私がたったひとりで山道を歩いているとしましょう。しかし、それが「私の経験」であるためには、その山道は物理学的な山道でなければならず、聞こえてくるせせらぎの音も物理学的な音でなければならず、首筋をなでる風も物理学的な風でなければならない。私は誰も見ていないところで何を知覚していても、それが「経験」であるためには、物理学的現象と対応していなければならないのです――私の感情や体感もまた「私の身体」という物理学的現象と対応していなければならない。

そして、興味深いことに、カントは、『純粋理性批判』第一版で、彼の超越論的観念論がバークレィ流の主観的観念論――私が知覚するものしか存在しないとする――と誤解されたので、第二版で以上の「外的経験」の優位という節を新たに書き加えたのです――以上の論点をきちんと整理して（？）論じたのが、私の博士論文であり、その翻訳が『カントの時間論』として講談社学術文庫（二〇一六年）に入っていますので、読んでみてください。まさに私のカント研究はここから始まったと言えましょう。

一つ付け加えると、「経験」と訳されるドイツ語は"Erfahrung"であって、"erfahren"という動詞の名詞形であり、この動詞は"er"という前つづりと"fahren"という動詞から成っている。"fahen"とは「乗り物で行く」という基本動詞であって、"er"は獲得を表す。よって、"erfahren"の語源は、「乗り物で行って何かを獲得する」ということであり、電車の車窓の景色を眺めながら、それを心に留めておくというイメージに近い。「外的経験」は電車の運動に伴う外の景色の運動であり、それを特定の座席から特定の区間、「心に留める」のが「内的経験」と言えば、わかりやすいかもしれません。

これにちょっと補足しますと、哲学においてはもう一つ有名な「経験」概念があり、それはヘーゲルの「意識の経験の学」における「経験」です。これを説明したら、また数十頁かかるので、そのわかりやすい形態を挙げると、世界史です。ヘーゲルによると、世界史——じつはヨーロッパ史——は、これまでギリシャ→ローマ→ゲルマンと必然的に進歩してきたのですが、まさにこの「経験」はきわめて普遍的なもの、しかもその主体は、個々の人間でも、集団でも、社会でも、民族でも、人類全体でもなく、「意識」であり、「精神」なのです……と、ここまで書いて後悔し始めました。とにかく、ここでは「経験」が、ヘーゲルの場合でも個人的体験を超えた普遍的なものとしてとらえられていること、それに個人は抵抗できないこと——「時代精神」と言いかえれば、ちょっとはわかるでしょうか？——だけを銘記しておいてください。

さらに、Nさんからの質問もいくつかありますが、その一つは、「諸原則」とカテゴリーとの関係をもっと明確にしてほしいというもの。カテゴリーはギリシャ語起源のラテン語ですが、カントはこれを「純粋悟性概念（Die reinen Verstandesbegriffe)」という硬いドイツ語に訳しました。そして、カントはカテゴリーを、一方では悟性の中に見いだすのですが、他方ではアリストテレスのカテゴリーを導きの糸にして、それを多少変えた「判断表」から導出している。しかし、その場合のカテゴリーは、まだ経験に限定されない使用範囲をもっていて、それが経験に正しく使用──これをカントは「適用」と言う──されねばならず、そのためにはカテゴリーは時間化──カントはこれを「図式化」と言う──されねばならない。そうした正しく経験に適用されたカテゴリー、すなわち時間化されたカテゴリーが「諸原則（Grundsätze）」と呼ばれる、というわけです（ここのところは、初心者はわからなくて結構です）。

以上の説明を踏まえて考えてみるに、ここではカテゴリーが経験を超える場合ですから、「諸原則」は本来おかしいのですが、ガッカリさせるようですが、カントにはこんな不整合はいくらでもあります。

以上、Nさんの質問に大まかに答えたのですが、ここで言っておきたいことは、またもやドイツ語から日本語への翻訳の問題がここに潜んでいる、ということ。「原則」と訳されたドイツ語は“Grundsatz”であって、文字通りは「根本命題」という意味であり、判断はすなわち命題ですから、判断表から導かれたカテゴリーは根本命題にほかならないわけです。ドイツ語で読むと、“Grundsatz”という言葉からカテゴリーとの関係が透けて見えるのですが、「原則」ではもう無理です。まさに、漢字への翻訳によって視界が曇らされたのです。

Iさんから出た質問ですが、それでは、なぜ“ratio”を“Vernunft”と訳したのか、というものです。この翻訳については、カントが発案者ではなく、当時すでに広くいきわたっていたようですが、これは“Vernunft”をなぜ「理性」と訳すのかという問いに答えるのが難しいように難しい。

なお、一般にこういう問いはあまり哲学的ではなく、当時どういう経路で「理性」という言葉が作られたかは――どうも明治期に英語の“reason”あるいはフランス語の“raison”の訳語として定着したらしい――、研究に値することですが、これはむしろ言語学や歴史学の問題でしょう。問題は、「理性」という漢字を使いながら、それは“ratio”から“Vernunft”への翻訳を背負っていることを理解すればいいのであり、漢字だけにこだわらなければいいのです。

なお、『カント事典』（弘文堂、一九九七年）の「理性」の項目は坂部恵先生が執筆したもので、きわめて優れたものですので、参考までに読んでみてください。その『カント事典』ですが、私も編集者のひとりとして加わったのですが――どの事典でもそうであるように――、項目によって出来不出来の差がある。われわれ編集者は、送られてきた原稿をA（優れている），B（悪くはない）、C（どうにか及第），D（落第）に分けた。Aが一割くらい、Bが二割くらい、Cが五割くらい、残りのDはもちろん書き換えを命じたのですが、ではなぜ、それでも刊行するのか？　すべてB以上にもっていこうとすると、二〇年はかかるし、すべてAとしようとすると永遠に完成しないからです、

ではいよいよ、『純粋理性批判』の解読に入ります、

第二章　「主観的な」形而上学の歴史

1　独断論↓懐疑論↓批判主義

ここで論述は、カントのきわめて「主観的な」形而上学の歴史に入りますが、じつのところこれがよくわからない。

最初は形而上学の支配は独断論者たちの統治のもとにあり、専制的であった。しかしながら、その立法は古代の野蛮な面影をなおとどめていていたゆえに、この支配はいくどかの内乱をつうじて次第に完全な無政府状態へと堕落し、土地のあらゆる永続的な開墾を嫌う一種の遊牧民にほかならない懐疑論者たちが、ときどき市民的団結を分裂させた。（二六―二七頁）

カントの哲学史は、独断論↓懐疑論↓批判主義という三段階しかありません。これは、カントのどの著作でも同じであり、その場合、それぞれの「独断論」や「懐疑論」で何を意味しているのかは、それほどはっきりしない。この図式に基づいて「二律背反」が成立していて、「定立」は独断論の立場、「反定立」は懐疑論の立場です。この二つの立場を調停して成り立つのが自分自身の批判主義であり、これが最終段階ですから、これで哲学史は終わるわけです。

カント研究としては、このことがいちばん重要であり、ここでカントが具体的に何を考えていたのかは二の次ですが、とはいえ、一応気になりますので、詮索してみましょう。

まず、「懐疑論」とは何もかもわからないという見解ではない。たしかに古代のピュロン主義など、完全な懐疑論もないことはないのですが、これは絶対的少数派であり、というのも、これは哲学そのものの否定ないし拒否であるからです。哲学なんてくだらない、というのはそれこそ掃いて捨てるほどありますが、それを哲学の内部で語ることにはそれほど意味がない。

では、懐疑論とは何か？　その筆頭にくるのが、「神はいない」、あるいは「神がいるかどうかはわからない」という見解です――カントはそうではないのですが。そして、西洋哲学の主流は、古代ギリシャのターレス以来、なんらかの絶対的原理をもってきたのですから、一貫して懐疑論ではない。しかも、この場合、ごく自然に絶対原理は「一つ」であり、さらには――イオニアの自然哲学者を除いて――、なんらかの精神的なものと相場は決まっている。

よって、相対論も多元論も唯物論も（広義の）懐疑論となります。このことから逆にわかってくることは、独断論とは、この真逆であって、「神」とか「第一実体」とか「善のイデア」とか、精神的な唯一の原理を提唱する立場で、これは先に言ったように、まさに紀元前四世紀のプラトンから、一九世紀までの西洋哲学の歴史そのものなのですが、カントのメガネを通しますと、すべて「批判を経ていない」という意味で独断論として片づけられる。

そしてカントは、はじめからありとあらゆる懐疑論を相手にしていない。ですから、批判とは独断論に対する批判であって、懐疑論に対する批判ではないのです。だから、「神はいるのか？」「自由はあるのか？」「魂は不死なのか？」という問いをカントは目の敵にしながら、「神などいないのではないか？」とか、「世界には何の法則もないのではないか？」とか、「私は死んだら無なのではないか？」という問いは、はじめから相手にしていないのです。

話が逸れていったので、先の引用部分の意味に戻りますと、「古代の野蛮な面影」とあることから、中世以降であることがわかる。しかし、「古代・中世・近代」という区分も、当時はまだ当然ではなかったので、「中世から」と決めつけることもできない。だいたい、哲学史において中世がいつ「から」かは、いまでもなお論議されていて、アウグスチヌスから、プロチノスから、などいろいろあるようですが、ローマ帝国末期からデカルトまでの千年にわたる長い期間であることは、ほぼ固定されている。よって、「古代の野蛮な面影」とあるから、「中世だろう」と決めるわけにもいかない。カントは総じて哲学史に疎いのですが、とくにトマスなどのいわゆるスコラ哲学を中心とした「中世哲学」に触れることは、ほぼゼロと言っていい。よって、ここでもいわゆる「中世哲学」というよりはむしろ、デカルト自身を意味していると考えた方がいいようです。

というのも、「いくどかの内乱をつうじて次第に完全な無政府状態へと堕落し、土地のあらゆる永続的な開墾を嫌う一種の遊牧民にほかならない懐疑論者たちが、ときどき市民的団結を分裂させた」という現象を、スコラ哲学時代に見いだすのは難しいからです。また、「遊牧民」とは懐疑論者ですが、デカルトの時代にフランスで活躍した懐疑論者といえば、ダランベール、ディドロ、ラ・メトリなどの唯物論者たちと考えるのが、ごく自然でしょう。これにイギリスのホッブズなども入るかもしれない。

しかし懐疑論者たちはさいわいにもほんの少数であったので、彼らは、独断論者たちが形而上学を、たとえたがいに意見の一致した計画にしたがってではないにせよ、繰りかえしあらためて開墾しなおすようこころみることを、妨げることはできなかった。（二七頁）

「たとえたがいに意見の一致した計画にしたがってではないにせよ、繰りかえしあらためて開墾しなおす」と聞くとすぐに、アーノルド・ゲーリンクスやニコラ・ド・マルブランシュなどの機会原因論者、あるいはスピノザ、ライプニッツなど、デカルトの心身二元論を解決しようとした多種多彩な顔が思い浮かびます。そのあとすぐにロックが出てくることも、以上の見解を補強してくれるでしょう。

2　ロック以降の形而上学（独断論）

そして、いよいよロックの登場ですが、次の九行に及ぶ長い一文は、カント的難解さの典型と言っていいでしょう。まず解読に挑んでみてください。①文章の構造自体が難しいし、②「遊牧民」と同じように、ここで「自称女王」「賤民」「系譜」などにカントが与えている意味が特有であるし、③ロックをかなり知らねばならないし、④ロックに対するカントの評価を知らねばならないし、⑤そのうえ、いろいろ小さい誤訳もあるし、⑥「虚偽の捏造」など、訳者の言葉のセンスも悪いし、……残念ながら、なかなか正解にはたどり着けないのではないか、と確信しています。

近代にいたってなるほどいちどは、あたかもすべてこれらの諸抗争の結末を人間悟性の或る種の自然学（有名なロックによる）によってつけてしまうことができ、あの要求の合法性が完全に決定されるかのように思われはしたものの、だが、たとえ形而上学というあの自称女王の素性は卑しい経験という賤民に由来し、このことによって形而上学の僭称は当然疑わしいものとならざるをえなかったにせよ、それにもかかわらず、この系譜は形而上学にとっては実は虚偽の捏造であったゆえに、形而上学は依然としておのれの要求を主張しつづけたということが判明したのであって、そのために一切がふたたび古びた虫食いだらけの独断論のうちへと、したがって、人がそこからこの学を救い出そうとした軽視のうちへと落ちこんだのである。　（二七頁）

これを、解読するには、ロックに対するカントの「（主観的）思い」がわからなければならず、それにはきわめて専門的知識を必要とする。まず、ロックがカントの紛れもない先駆者であること、（カントもそう評価していたこと）を知らねばならない。カントは、ロックの偉大さを称えるのですが（何度も「かの偉大なるロック」と呼んでいる）、ロックがあまりにもすべてを経験的レベルに落とし込んだことが納得できない。

カントからするとロックは、その形而上学批判の姿勢はよいが、やりすぎた。すなわち経験的ではない認識（カントの用語法では「ア・プリオリな認識」）を抹殺し過ぎたのです。以上で、引用三行目の「思われはしたものの」までは読めると思います。

なお、ここに「或る種の自然学（有名なロックによる）」における「自然学」のドイツ語は“Physiologie”であって、「生理学」とも訳す。もともと“physis”というギリシャ語において、物体的自然と身体的自然とは分離されていない。これは近代ヨーロッパ語にまで波及して、例えば英語の

“physycs”は「物理学」であり“physicist”は「物理学者」ですが、“physician”は「医者」ですね。ロックの場合、人間の身体が経験するものが認識の基本ですから、自然学＝生理学となるわけで、カントはこれを批判したい、という文脈がここに開かれています。

これが、右の引用部分を解読するさいの基礎知識ですが、この基礎知識をもってさえ、次の「たとえ形而上学というあの自称女王の素性は卑しい経験という賤民に由来し、このことによって形而上学の僭称は当然疑わしいものとならざるをえなかったにせよ」という部分が、何を言いたいのかまったくわからないでしょう。なぜなら、カントの、書き方の「くせ」がわからないからであり、しかしこれも彼と長く付き合っているとだんだんわかるようになるから不思議です。カントはあるときに比喩を使いますと、ずっとその比喩の世界を経巡るのですが、それがすらっとわかる場合と、そうでもない場合とがある。これは、まあ中間でしょうか。

この部分を適当に補充すると、次のようになります。

形而上学という名の女王は、高貴な生まれを誇っていたが、じつは賤民の出であることが判明した。このことによって、彼女（形而上学）がほんとうに女王に値するのか、当然疑わしいものとならざるをえなかった。

グリムの童話にでも出てきそうな話ですが、これでカントが何を言いたいかというと、「素性は卑しい経験という賤民」というつながりからもわかるように、形而上学という名の女王は、じつは「イデア界」とか「可想界」というような高貴な生まれではなく、「経験」という下賤の生まれであった

――つまり形而上学の真理は、すべて経験に由来する――ことが判明した、ということです。

ここまでたどり着きましたが、次の「それにもかかわらず、この系譜は形而上学にとっては実は虚偽の捏造であったゆえに」という部分がいちばん厄介です。すでに言いましたが、「虚偽の捏造」などという重複表現を平然と使っている翻訳者に対する反撥もありますし……。ここで、この女王物語にこだわっても無駄で、カントのロック評価を重ね合わせねば読めない。その評価は、ロックは形而上学のすべてを荒っぽく経験に引き摺り下ろし過ぎ、もちろんそのテーマには経験を起源とするものも少なくないけれど、因果律など、「経験を可能にする」というレベルで経験的ではないものを無視したことは間違いである、というもの。

こういう経緯によって、形而上学にとっては――このあたり、カントと形而上学とを重ね合わせている――、ロックが賤民（経験）の出であると暴き出した形而上学の「系譜」は、正しくないことがわかった。こうして、それは「偽造であったので」とつながるわけです。

次の「形而上学は依然としておのれの要求を主張しつづけたということが判明したのであって」とは、ふたたびカントと形而上学とを重ね合わせていて、ロックの判定が嘘であることがわかったので、形而上学は息を吹き返し、「おのれの要求を主張しつづけた」ということになります。

その次の、「そのために一切がふたたび古びた虫食いだらけの独断論のうちへと、したがって、人がそこからこの学を救い出そうとした軽視のうちへと落ちこんだのである」という部分も、一八世紀の哲学史を知らねば皆目わからないところで、しかも翻訳者は、わかりやすい日本語にすることなど考えてもみないようなので、読者は途方に暮れることになる。

でも、一応解読してみますと、ロックの攻撃をどうにかかわした形而上学は、ロック以降も生き続けて、「古びた虫食いだらけの独断論」に陥った。これは、カント直前のヴォルフ、バウムガルテン、クルージウスなどの講壇哲学のことでしょう。

さて、このあとが問題です。「人がそこからこの学を救い出そうとした軽視のうちへと落ちこんだ」では、わけがわからない、先に、「小さな誤訳がある」と言ったとき、例えばここを考えていたのですが、いま読み返してみると、はっきりとした「誤訳」ではない。一応ドイツ語を日本語に直す際の言葉の並べ方は合っている。しかし、誤訳は解釈の間違いに基づくものですが、これは日本語としてまったく意味不明であり、いかなる解釈にも基づかず、ただ言葉を並べているだけですから、「誤訳」よりさらに悪いのです。

私は目下、仲間と数人で『純粋理性批判』の新訳を試みているのですが、それを参照してみると――山根雄一郎さんの訳――「学問がそこから救われようとしていた軽蔑へと転落したのであった」となっている。つまり、あまりにもひどい独断論が登場してきたので、軽蔑すべきなのですが、「そうした軽蔑は学問ならそこから救われようと望むものだ」との意味です。これで、一応わかるではありませんか。

さて、ここまで読み解いてきて、カントはなぜ、こんなわかりにくい書き方をするのか、とふたたび問うてみましょう。私見では、これはカントの読者サービスなのです。カントは詩学の教授になれたほど、ギリシャ・ローマの詩の知識があり、すでに「ヘクバ」がそうですが、こうした通俗的な詩や物語をふんだんに挟んで、過度に抽象的になりやすい哲学の説明に彩を加えて「くれている」。しかし、カントは通俗的な例をもってきてわかりやすく説明したつもりが、かえって――とくに現代日本人には――わかりにくくなっているのは、皮肉な話です。

とはいえ、こうした技法にも次第に慣れてくると、新カント学派の秀才たちやフッサールやフレーゲなどの、どこまでも大真面目な語り口が無骨で無味乾燥に思われてきますが……。

一つ、忘れていましたが、なぜ「形而上学」が「女王」であって「王」ではないのか、わかりますか？　"Metaphysik"が女性名詞だからです。ヘクバが出てきたのも、このためですし、「哲学は神学のはしため」という言い回しにおける「哲学（Philosophie）」も「神学（Theologie）」も女性名詞です。ドイツ語では、学問を表す名詞はだいたい女性名詞なので、自然とこうなるのです。

3　現代の哲学的状況

さて、これに続く文章もわかりにくい。まさに一難去ってまた一難であり、これが三冊目の「下」の最後まで続くのだと覚悟してください。

> いまや、すべての方途（そう人は思いこんでいるのだが）をこころみて無益であったからには、諸学において支配しているのは、混沌と暗夜との母にほかならない倦怠と全面的無関心であるが、しかしなんといっても同時にこの無関心は、諸学が不適切な勤勉によって曖昧となり、錯乱し、無用となったのであるなら、そうした諸学の近々の改造と啓蒙の根拠、少なくともその序曲でもある。
>
> （二七―二八頁）

先ほど、カントが通俗的なお話を織りこむから、かえってわからなくなるとさんざん責めたのですが、ではこうしたお話をカットしたらすっきりするかというと、まるでそうではない。ここも、ほとんどの人には一般的意味以上に「具体的に」何を意味しているのか、まったくわからないのではないかと思います。

まず、「(そう人は思いこんでいるのだが)」という丸括弧は、たしかに「すべての方途」の直後についているのですが、内容的には「いまや……無益であったからには」という文の全体にかかる。つまり、「いまや、すべての方途をこころみて無益であった、と人は思いこんでいるのだから」という意味です。ここで、「なるほど」とくればいいのですが、あまりそれは期待できない。

「無益」とは、ロックがあれだけ徹底的に形而上学(独断論)をノックダウンしたのに、たちまちのうちに息を吹き返して、いまや安っぽい独断論が蔓延している。そして、もうこれに立ち向かっても「無益だ」と「人は思いこんでいる」ということ。ここが読めれば、次はいいでしょう。いまや、哲学界には「倦怠と全面的無関心」が支配するだけだ、というカントの現状分析です。ここに訳されている「無関心」のドイツ語は“Indifferentismus”であって、文字通りには「無関心主義」です。

しかし、その次がまたわからない。「不適切な勤勉によって曖昧となり、錯乱し、無用となった」とは、いったい何のことか? これも「批判」から遡って解釈するしかない。すなわち、独断論(定立)も懐疑論(反定立)も考えに考えて結論を出しているのですが、それらは批判を経ていないので「不適切な勤勉」であって、真の成果はまるでなく、すべてが「曖昧となり、錯乱し、無用となった」(真の意味で有用ではない)というほどの意味です。

そして、最後ですが、「そうした諸学の近々の改造と啓蒙の根拠、少なくともその序曲でもある」の主語が、「倦怠と全面的無関心」であることを忘れてはならない。そして、こうした長い主文は、初めの「いまや……無益であったからには」という条件文にかかる。よって、いまや形而上学を退治するすべての方途を試みて無益であったと人は思いこんでいるとすれば、そのことから生ずる無関心が、かえって「諸学の改造と啓蒙の根拠」、すなわちいよいよ「批判」が到来する根拠となるのであり、「少なくともその序曲でもある」のだ、というわけです。

多くの読者は、なぜカントはこういうもったいぶった言い方しかできないのか、といらつくことでしょう。どうも、カントは言いたいことがあり過ぎて、しかも無視できないことですが、自分の「熱い思い」もそのまま伝えたい。そのすべてをぎゅっと限られた文章の中に無理やり詰めこむので、しかも、読者のことをまったく配慮していないので、われわれ現代日本人が、それを漢字仮名混じり文で読む場合、わかるほうが不思議なくらいです。

次の段落に進みます。

つまり、人間的本性にはその対象がどうでもよいものではありえないような、そのような諸探究に関して無頓着を装うとしても、それは徒労である。

(二八頁)

また、ここでわれわれの視界を曇らせるのが、先の「無関心（主義）」に加えて「どうでもよい」という翻訳語です。「どうでもよい」のドイツ語は“gleichgültig”であり、「無頓着」のドイツ語は“Gleichgültigkeit”ですが、これはじつのところ“gleichgültig”から派生した名詞なのです。そして、さらに注意すべきことは、“Indifferentia”はこれに対応するラテン語に過ぎないということ――カントが“indiferentismus（無関心主義）”の場合、あえてラテン語起源の言葉を使った理由は、ただドイツ語起源で「無関心主義」という言葉を作れないからでしょう。

ここに典型的ですが、カントはもともとの"indifferentia"というラテン語を"Gleichgülligkeit"とドイツ語に訳したのですから、両者の意味は同じはずです。しかし、両者は字面が異なるので、どうしても翻訳者は別の日本語——「無関心」と「無頓着」——をあててしまう。その結果、生真面目な読者ほどその違いに悩んでしまうのです。

さて、翻訳の問題を離れて、当該文章に戻りますと、「神はいるのか?」「自由はあるのか?」「私は不死なのか?」という形而上学的問いは、カントにとっては人間本性に基づく問いであって、人間が人間である限り無関心ではありえないはずなのに、現今の風潮では人々は無関心を装っている。しかし、そんなことをしても「徒労だ」ということ。なぜなら、われわれはそもそも人間本性に反することはできず、それをしようとしても、ただの「徒労」だからです。

ここでIさんの質問を取り上げましょう。これは、すでに本書第一章第3節「答えるのに危険な問いに」において触れたKさんの質問への私の解答に対するさらなる質問というわけですが、カントの超越論的観念論の解釈の根幹と言ってもいいテーマですので、繰り返し説明しておきます。Kさんは、「現象」において人間的理性が「真」であると確定したものでも、人間共通の錯覚(偽)かもしれないという質問でしたが、それに対して、私は次のように答えました。

カントは現象的(経験的)実在性の「うち」にのみ認識論的真偽を認めたのち、そのレベルで真である事象が、果たしてそれを超えたレベルでも真であるのか、と問うてみても——あるいはKさんのように、そのレベルで真であっても、人間共通の錯覚かもしれない、と問うてみても——、それを決めることのできる経験を超えたレベルの実在世界をカントは認めませんから、そもそもこの問いが無意味になる。

（本書三一頁）

この問いは、専門のカント学者がまず出さない問いですから、なおのこと答えるのが難しい。でも、「端的に間違っている」と言って片づけるのも狡いので、説明を加えます。

存在論と認識論との混同ということになるでしょうか。カントにとって物自体は、認識論的には前提してはならないもの、単なる想定になるでしょう。認識論とは、「認識の可能性」しか問題にしないからであり、物自体は認識可能ではないからです。その場合、認識はできなくとも、認識以外の仕方で把握できるという道はあります。それはだいたい「感情」であって、「感じる」という仕方です。この方向には展望があり、これは、私は「ある現存在」を「感じる」という『プロレゴメナ』の記述に連なる奥行きの深い議論だと思います。

しかし、Ｉさんの論点はそうではない。カントは、物自体の存在を認めているのだから、現象における真偽を超えたさらに高度の真偽を、物自体の観点から判定できるはずだ、という見解のように思われます。すなわち、現象が経験的実在性を有するのに対して、物自体は超越論的実在性を有するのだから、現象の真偽判定能力より高度の真偽判定能力をもち、下級裁判所の判決を上級裁判所が覆すことができるように、現象の真偽判定を覆すことができる、こんなイメージをもっているのではないでしょうか？　これは、カントが目の敵にした「超越論的実在論」の立場です。

物自体が存在することを認めても、物自体に独特の真偽判定があることを認めることにはならない。まして、現象における真偽判定を覆すような真偽判定能力があることには、まったくならない。「超越論的観念論」とは、物自体の実在性を認めるだけであり、それ以上の認識には立ち入らない立場です。

そして、物自体とは別に、カントの理性主義は、理性的存在者の理性は同一のものとみなしている。道徳法則は理性的存在者一般に通用するものであり（矛盾律も理性的存在者一般に妥当する）、ただ、人間的・感性的・理性的存在者は、（異なった理性をもっているのではなく）理性のほかに感性ももっているため、おうおうにして完全な真理に到達できず、その認識に限界があるだけ、と。人間の認識が、完全な（神の？）認識からみると、「偽」であるわけではありません。

このことは、とても重要なので、念を押しておくと、KさんやIさんのような見解、すなわち人間は有限であるから、人間的真理は絶対的真理からするとまったくの虚偽かもしれない、という考えは、カントにとっては、むしろ懐疑論ないし不可知論であって、真剣に闘うべき相手なのです。

このあたりで、次の質問に移ります。私がかつて“Metaphysik”を「形而上学」と訳したのはひどい誤訳だ、と断じたのに対して、同じIさんは、存在や神はやはり「形がない」のだから正しい訳なのでは、という反論を提起しました。そうでしょうか？「自然学についての学」と「形のないものについての学」とは、その対象の一部がたまたま一致することがあるにせよ、まったく異なった意味をもっているのではないでしょうか？

「形のないもの」という意味がひとり歩きすると、存在のみならず、時間にも形がないし、空間（自身）にも形がないし、力にも形がないし、概念にも形がないし、意味にも形がないし……と広がっていく。そして、ついには当時の知識人が使ったように、「形而下」とは下賤な問題、「形而上」とは高尚な問題というようになっていく。「きみ、そんな形而下的なことを言わなでくれたまえ！」という使い方が「正しい」と言ったのは皮肉で、「日本語の形而上・形而下」という使い方として「正しい」

という意味です。ですから逆に言えば、「形而上学」という訳語でもいいのですが、これは単なる記号であって、"Metaphysik"の訳だということをいつも意識して使っていればいいわけですね。

さて、次の箇所を「課題」にしましょう。

あのいわゆる無関心主義者たちとて、たとえどれほど彼らが学術用語を通俗的な語調に変えることによって正体をくらますつもりであっても、彼らがいやしくも何ごとかを思考するかぎり、彼らがあれほど多くの軽蔑をあびせた形而上学的主張へと逆もどりする。(二八頁)

対話2

これは、「人間的本性にはその対象がどうでもよいものではありえないような、そのような諸探究に関して無頓着を装うとしても、それは徒労である」に続く文章でしたから、この文章をさらに発展させたものでしょう。「無関心主義者」とは何かがわかっても、「通俗的な語調」とか「形而上学的主張」とは何でしょうか? ここでの解釈は、この二つの語の意味を正確にとらえることができなければ正解とは言えない。

「無関心主義者」とは、どうでもよいものではありえない対象、すなわち神・自由・不死の魂に対して無関心を装う人々ですが、それは所詮ごまかしであり、そのごまかしの仕方が「学術用語を通俗的な語調に変えることによって正体をくらます」という仕方なのです。そして、カントにとって「通俗的」とは、批判を経ずにこれらを認めることですから、――ここで、重要なことを思いだしたので説明を加えておきますと、先に私はカントが「自分の哲学を通俗的と考えている」と書きましたが（本書「序論」、一一頁）、じつは「通俗的」には二義あって、「真の通俗」とそうでない普通の「通俗」とです。前者がカントの立場であり、後者が当時の知識人の立場。すなわち、当時の知識人たちはそろそろ形而上学がへんだと感じ始めているのですが、それを正面から受け止めて解決を図るのが――すなわち、これらを実在から「理念」へと引き摺り下ろして復活させるのが、「真の通俗」。これに反して、おかしいと思いながらもごまかして古来の形而上学にしがみついているのが、「だめな通俗」です。

ということで、「学術用語を通俗的な語調に変えることによって正体をくらます」とは、当時の講壇哲学一般の態度であり、第一原因とか第一実体などの古めかしいスコラ哲学の「学術用語」を、いかにも近代の「通俗的な」装いをもって語り出すこと．これが前に出た「虫食いだらけの独断論」（本書、五七頁）の意味であり、もともと古い着物を近代風に（通俗的に）仕立て直しただけだということです。

そして、彼らは批判すべきことを批判しないで「正体をくらます」のですが、その態度は、彼らの意図と異なり――この逆説的ニュアンスをとらえることが重要です――、「彼らがあれほど多くの軽蔑をあびせた形而上学的主張へと逆もどりする」ことにほかならない。こういう非難の仕方からすると、カントがここで「無関心主義者」と呼んでいる者の中には、ロックより遡りますが、「思惟実体（res cogitans）」を認めたデカルトや「モナド」を認めたライプニッツなど、近代哲学の大立者も含まれるかもしれない。彼らはたしかに、人間中心主義・科学主義らしい近代の装いをしながら、カントからすると「形而上学的主張へと逆もどり」しているのですから。

そして、以上の箇所は、この書二六頁の最初にあった、「普通の常識〔通常の人間的理性〕すら

それらと一致するほど信頼できると思われる諸原則へと、逃避せざるをえない」という箇所に正確に呼応しています。

4 理性の法廷

しかし、この無頓着は、万学の花ざかりのただなかで生じ、そのようなものがえられるものなら、人が何をおいてもけっして断念するはずのない、まさしくそうした知識の学に関するものであるが、なんとしてもこの無頓着は、注意と熟考に値する一つの現象である。（二八頁）

たったいま「対話2」の中で強調したように、まさにこの「虫食いだらけの独断論」が、「万学の花ざかりのただなかで生じ」ているのです。カントは自分の生きている時代を「啓蒙の時代」と信じていましたから、はるか昔の非科学的暗黒時代ならこうした現象もわかるが、この科学の発展した啓蒙の時代にあって何たることであろう、不思議でたまらない、「なんとしてもこの無頓着は、注意と熟考に値する一つの現象である」と、憤懣やるかたない心境を皮肉に語っているのです。

と書いて、ふと思いついたのですが、現代日本人がカントを解読できないのは、カントに「感情移入」できないから、その怒りを共有しないからではないでしょうか？　私は付き合いが長いから感情

移入できるのですが、それがいちばん重要なことかもしれないとすら、ここに至って思うようになりました。カントの文面は、「近代人なのに、なぜ?」という調子が強くなっていく。そしてこれは、「彼らは近代人らしく厳密に考えているのに、なぜ?」という疑問と重なっていく。

明らかにこの無頓着は、投げやりの結果ではなく、もはや見せかけの知識にによってはだまされない時代の成熟した判断力の結果であり、理性のあらゆる業務のうちで最も困難な業務、つまり自己認識という業務をあらためて引き受け、一つの法廷を設けよという勧告であって、この法廷は、理性の要求が正しい場合には理性を護り、これに反してすべての根拠のない越権を、強権の命令によってではなく、理性の永遠不変の諸法則にしたがって拒むことができるものであるが、だからこの法廷こそ純粋理性の批判そのものにほかならないのである。(二八頁)

「彼らがあれほど多くの軽蔑をあびせた形而上学的主張へと逆もどりする」のも、「もはや見せかけの知識によってはだまされない時代の成熟した判断力の結果」なのです。そして、こうした現状分析の結果として、次の「理性の法廷＝純粋理性の批判」が登場する。すなわちカントは、いかにも理性主義者らしく、彼らとて、理性的存在者の一員なのだから、「理性の永遠不変の諸法則」には逆らえないはずであり、とすれば、「強権の命令によってではなく、理性の永遠不変の諸法則にしたがって」、自分の誤りに気づくはず、すなわち独断論に陥ることを拒むことができるはずなのです。

こうして、カントは時代の趨勢を嘆いているようですが、その底には理性信仰が確固としてあるので、こうした「無頓着者」にも「話せばわかる」と思っている。この晦渋な『純粋理性批判』は、いかなる独断論者たちも「読めばわかる」というオプスミスティックな態度で書かれているのですから、現代人には驚きですね！

これはとても重要なことで、人間的理性は、「神・自由・不死の魂」が欲しいゆえに、必然的に越権行為に出てしまうのですが――言いかえれば、「独断論者」ないし「無関心主義者」になってしまうのですが――、それでも理性的である限り、やはり必然的に自らの誤りも自覚できるはずなのです。

5 「批判」の真の意味

次に、二九頁の註〔★〕に入ります。

人はときおり現代の考え方の浅薄さと徹底的な学の衰微とに関する嘆きを耳にする。しかしながら私には、数学や自然論などのように、その根底がしっかりと置かれている諸学は、この非難にいささかも値せず、むしろ徹底性という昔ながらの名声を維持しており、それどころか自然論においてはそうした名声を凌駕すらしていると思われる。（二九頁）

これは、ほとんど解説なしにわかるでしょう。「自然論」のドイツ語は"Naturlehre"です。本来カントは"Lehre（説）"と"Wissenschaft（学問）"とを峻別し、ニュートンのように、普遍的法則に支えられている学が後者です。これに対してそうした法則がない「宇宙進化史」とか「博物学（動物学）」などは、単なる「説」なのです。とすると、ここは紛れもなくニュートン力学を考えているので「自然科学」とすべきですが、困ったことに、カントの言葉遣いは統一がとれていない。
すなわち、カントは――いや、ベーコンもロックもそうでした――、自然科学がこれほどまでに進展したのはその方法がしっかりしていたからだ、そして、哲学がこれほど古色蒼然としているのは、方法――すなわち「批判」――が確立されていないからだ、と確信していたのです。

こうしたことから、「対話2」の課題とした文章における、「彼らがあれほど多くの軽蔑をあびせた形而上学的主張へと逆もどりする」ことに対する、カントの大いなる怒りの意味もわかってくるでしょう。これに続く文章も同じ趣向です。

> 現代は真の意味での批判の時代であって、すべてのものが批判に服さざるをえない。宗教はその神聖によって、また立法はその尊厳によって、通例はこの批判をまぬかれようと欲する。しかしそのときには宗教も立法も、おのれに対する当然の疑惑をよびおこし、偽らざる尊敬を要求することはできないのであって、そうした尊敬を理性は、理性の自由な公然たる吟味に耐えてくることのできたものにのみ認めるのである。（二九頁）

ここも、明晰にわかるはずです。「現代は真の意味での批判の時代であって、すべてのものが批判に服さざるをえない」とは、よくぞ言ったものだと思いますが。カントにとって、「啓蒙（Aufklärung）」と「批判（Kritik）」とはごく近い関係にあるもので、とくに宗教や形而上学に対する態度が共通している。宗教や形而上学の中にうごめく非理性的蒙昧に光を当てることは、すなわちそれらに理性批判を施すことだからです。

またカントは、最後の「吟味（Prüfung）」という言葉を「批判」と同義に使っています。そして、カントはやっと、この次で「批判」の真の意味を語る。

> しかし、私が批判ということで意味しているのは、書物や体系の批判のことではなく、理性が、すべての経験に依存せずに、切望したがるすべての認識に関しての、理性能力一般の批判のことであり、したがって、形而上学一般の可能性ないしは不可能性の決定、またこの形而上学の源泉ならびに範囲と限界との規定のことであるが、しかしこれらすべてのことは原理にもとづいてなされるのである。（二九頁）

ドイツ語の“Kritik”はギリシャ語の“κριτική (kritiki)”に由来し、それはもともと「区別する」という意味、さらにそこから転じて「境界」ないし「境界状況」を表すようになった。これは、近代語にも受け継がれていて、英語の“critical point”は「臨界点」であり、“critical illness”は「危篤」のことであり、ここでは当然経験とそれを超えるものとの区別であって、経験を超えることを「切望したがるすべての認識に関しての、理性能力一般の批判」のことです。

また、「形而上学一般の可能性ないしは不可能性の決定」はいいとして、そのあとの「形而上学の源泉ならびに範囲と限界との規定」こそが「批判」の具体的意味です。そして、「形而上学の源泉」は「理性」なのですから、「批判」とは「理性の範囲と限界との規定」となります。

はじめ、ぐいぐいとカントの「気持ち」に迫って読んでいくと、だんだんその文章が簡単に思えてくるでしょう？　これが肝心なのです。ここまできて一段落なので、ふたたびここにおいて、これまで出した理由以外にカントの難しさの理由を考えてみると、カントはまさに「真の通俗性」を目指して、どこまでも厳密に言葉を使用し、さらにどこまでも自分自身の怒りをその言葉に正確に反映させようとした。こうすると、カントのような、一見、もつれにもつれた文章になるのです。

つまり、カントはきわめて真面目であって、こまかしができないのですね。「こう」言えば、ずっとすっきりするとはわかっていても、それでは自分の言いたいことが無視されてしまう。それが耐えられず、カントは「それ」を掬う（救う？）ためにすっきりした文章をあきらめ、すっきりしない文章を選ぶのです。

ですが、カントの言いたいことははっきりしているので、「それ」をつかんでしまえば、「こういう場合はこう言うはずだ」とか、「こういう場合はこう言うはずはない」というカンが発達してきて、その立場からすると、「こうしか言いようがない」とも思われてくる。

そして、これはとても重要なことですが、それは――パルメニデスのように――カントの洞察が思いもよらないほど高いからではなく、――シュレーディンガー方程式のように――それを表すときわめて複雑にならざるをえないからでもなく、ただ誰でもわかる普通のことを無骨なほど正確に語ろうとすると「こう」なるのであり、私もウィーンで博士論文を準備していたころ――ですから、カントを読み始めてから一五年以上も経ったころ――、こうしたことが体感的にわかり、「面白い」と思うようになった次第です。

いいですか、いまでもドイツ人の大部分のインテリにとって、カントはチンプンカンプンな代物なのです。そして、当時もそうでした。私の『「純粋理性批判」を嚙み砕く』（講談社、二〇一〇年）でも紹介しましたが、カントがベルリン哲学界の大立者であったメンデルスゾーンに、『純粋理性批判』

を送ったところ、「この本は私の健康のバロメーターである。本書を多少でも読む気分になるときは健康なのだ」という返事をもらったことは有名ですが、そのメンデルスゾーンが「すべてを嚙み砕くカント」と言ったこともよく知られています。カント自身、――これは私の好きな言葉――「私は人が思考を停止したところから考え始める」と語っている。これほど難解な本が「わかる」って面白いじゃないですか！

ここで、次のテーマに移ります。Tさんが指摘してくれたのですが、前回のテキストは二九頁の★の中の次の文章が抜けていました。

ところで、徹底性というこの同一の精神は別の種類の認識においても、まずもってその諸原理の修正を配慮しさえすれば、有効であることが証明されるにちがいない。こうした修正を欠くときには、無頓着と懐疑とは、また最後には厳しい批判は、むしろ一つの徹定的な考え方を証明するものである。　（二九頁）

ここは★の中で最も難しいところであり、しかも例によって翻訳が悪い。このままで「わかる」のは奇跡的な文章ですが。これを次の「課題」にしましょう。ヒントは、いま長々と検討した前回の課題と大いに関係がある、ということです。

「徹底性」は近代科学的認識に効果的にとり入れられている。それが「別の精神の認識」、すなわち「形而上学」にも、そのままではなく、しかるべき修正を加えてとり入れられるなら有効であろうが、いまのところそれは欠けている。こうした現状において、むしろ――形而上学が扱う問題に――無頓着であることや、それに懐疑を抱く態度は、「一つの徹底的な考え方」、すなわち形而上学から距離を置くという「ある一つの」徹底的な考え方ともみなすことができ、最後にくるべき批判を準備するものである。

この部分の解釈が難しいのは、「徹底性（Gründlichkeit）」という言葉にカントが具体的に何を盛りこんでいるかが容易に読み取れないからでしょう。ニュートンの成功が、その徹底性にあることは明瞭で、カントはそれをモデルにしていることも読み取れるかもしれない。では、なぜニュートンは成功したのか？　力学を構築するに際して、形而上学的問題に介入しなかった、それに冷淡（無頓着、懐疑的）であったからです。

ニュートンの『プリンキピア・マテマティカ』というタイトルは、デカルトの『哲学原理』を意識していて、自分は『数学原理』を書いたのであって、『哲学原理』を書いたのではない、という意志表示です。カントは、これを評価する。しかし、哲学は単に形而上学的諸問題（神・自由・不滅の魂）から遠ざかればよいのではない。哲学には、それら諸問題を正しく位置づけること、すなわちそれらは認識の対象ではなくて、単なる理念に過ぎないとみなす、「批判」という独特の徹底性が必要なのです。

ここでカントがあえて「徹底性」という言葉を使ったのは、物質の運動学はニュートンの方法によって徹底的かつ最終的に解明されたように、批判という方法によって形而上学の根源的問題は徹底的かつ最終的に解明される、と信じていたからでしょう。


さて、かなり前のことで恐縮ですが、間違っていた説明——少なくとも正確でなかった説明——を訂正しておきます。かなり専門的分野に入るのですが、それは「ラテン語・ドイツ語問題」です。私は先に「『純粋理性批判』のかなりのものが、カントがはじめてラテン語からドイツ語に訳したものなのです」と書きましたが、そしてじつはカントの専門家も少し前まではそれに近い事情だろうと思っていたのですが、どうもそうではなさそうなのです。「かなりのもの」という表現で何を意味するのかが問題ですが、最近、久呉《くご》高之《たかゆき》さん——わが国でカントのことをいちばんよく知っている人——が岩波書店のカント全集第六巻『プロレゴメナ』の訳注で、逆に「かなりのもの」が、当時のヴォルフ学派がラテン語からドイツ語に翻訳したものをカントが踏襲した、という見解を出しました。

この見解は、カントの用語のうちの一部はそうだろうと、ずっと昔から言われてはいたのですが、久呉さんはこの見解を精緻に言葉に当たって論証した。反証できない限り、そうなのではないかと思いますが、ただ、これで終わらなくて、問題は続きます。ヴォルフ学派と言っても、カントから五〇年も遡らないし、そこに属すると見なされる、モーゼス・メンデルスゾーン、クリスティアン・ガルヴェ、ヨーハン・フェーダーなど多様な人がいるので、それぞれの翻訳の仕方を見なければわからない。

それにカントは、それを字面で「踏襲」しながら独特の意味をもたせた、という彼独特のやり方もあるわけで、それをカントが「はじめて訳した」と解釈できないこともない。少なくとも、先の箇所でも書きましたが、『純粋理性批判』はドイツ語で書いているからわからないとして、すぐにそのラテン語訳が望まれ、カントもそれに同意して実現されたことから見ても、『純粋理性批判』刊行当時ラテン語からドイツ語への訳語が定着していたかどうかもわからない……というふうに学者議論に入ります。

このくらいにしておきましょう。先に、「カントがはじめてラテン語からドイツ語に訳した」とさらっと書いてしまってから（本書八頁）、少しドライ過ぎたと反省し、ふたたび久呉さんともメールのやり取りをした結果、いまのところ以上のように訂正並びに補充する次第です。

次に、対話2で取り上げた課題に関して、水面下で大いにもめているので、それに触れます。課題の内容に関して、Fさんは、いろいろ調べてくれた結果、「通俗性」とは当時のガルヴェ、フェーダーなどの「通俗哲学者」（『カント事典』有福孝岳ほか編、弘文堂、一九九七年参照）のことではないか、また「無関心主義」も当時のヴォルフ学派の用語ではないか――これもじつは久呉さんの指摘からの引用――という学者的質問が出ました。

しかし、前者に関してはどうもそうではなく、もっと広い気がするし、後者に関しても、そうだとしてもその立場がはっきりしないので、あらためて久呉さんにメールで訊いてみました。そうしたら、用語は確かにヴォルフ学派のものだが、自分たち自身を意味するのではなく、むしろ当時の独断論者に対する醒めた態度の者一般ではないか、という意見が送られてきました。だいたい、そうだと思いますが、そこで先の文章を再読すると、「あのいわゆる無関心主義とて、……正体をくらますつもりであっても……形而上学的主張に逆戻りする」というわけですから、カントの言いたいことの要は、「あのいわゆる無関心主義者とて（auch）、独断論者という正体をくらませて形而上学的主張に逆戻りする、やはり広い意味の独断論者だ」ということになります。

よって、先の私の答えにおける、『「学術的な用語を通俗的な用語に変えることによって正体をくらます』ということは」のあとの、「当時の講壇哲学一般の態度であり」という箇所は間違い――というか短絡しすぎ。「当時の講壇哲学一般の態度」ではなく、むしろヴォルフ学派のような独断的色調の講壇哲学の対極に位置するように見える、「あのいわゆる無関心主義者とて（auch）」、結局は形而上学的主張に逆戻りするのだから、やはり「正体をくらました独断論者」である……、なぜなら、「批判」が欠けているから、となりましょう。

これに呼応して「虫食いだらけの独断論」は、厳密に言うとヴォルフ学派に対する揶揄に限定され、「無関心主義者」に対しては、次に私自身が書いた「古い着物を近代風に（通俗的に）仕立て直しただけ」という比喩に相当します。つまり、「虫食いだらけの着物」をそのまま着るか、それとも安っぽく近代風に仕立て直すか、ということになり、こう具体的に書いてみると、よくわかる気がしませんか？

まだ、あります。私はそのすぐ後で、次のように書きました。

こういう非難の仕方からすると、カントがここで「無関心主義者」と呼んでいる者の中には、ロックより遡りますが、「思惟実体（res cogitans）」を認めたデカルトや「モナド」を認めたライプニッツなど近代哲学の大立者も含まれるかもしれない。

（本書第二章、六六頁）

これに対して、Tさんから、ここでデカルトやライプニッツを出すのは適切ではないという反論を受けました。この文脈においてはその通りです。しかし、この文脈を離れれば、カントにとって、デカルト以後の近代哲学はすべて「正体をくらました独断論」なのです。数学や自然科学の成果を「うまく取り込んで」、やはり「形而上学的主張に逆戻りする」。むしろ「弁証論」における「誤謬推理（不死の魂）」とか、「理想（神の存在証明）」、あるいは「二律背反（定立の側の第一原因とか無条件者）」のモデルは、デカルト以降の近代哲学者の見解であると言っていいでしょう。

カントは、「独断論」を狭義と広義の二重の意味で使っている。狭義では、二律背反の定立の側の議論ですが、広義では、批判を経ていないものはすべて独断論。ですから定立のみならず、反定立の懐疑論者も唯物論者も、さらにはここに出てくる「無関心主義者」も、批判を経ていないゆえに独断論と言えるわけです――というふうに書けばよかったのですね。

さてここで、わざわざこうした面倒な作業を公開したのにはある意図があって、私のように絶対の自信をもって「正解」を書いたつもりでも、なお間違うかもしれないということ――久呉さんの解釈だって、あとで誰かによって覆されるかもしれない――、こういう流動的な戦いの「現場」を知ってもらいたかったから、これが「カントを読む」ことだということを知ってもらいたかったからです。

あとHさんから「独断論vs懐疑論」や「経験論vs観念論」という対立がよくわからないという質問を受けましたが、これも一般的には言えない。たったいまカントの場合に見たように、それぞれの哲学者が固有の意味で、そして固有の価値観のもとに、……論を使用するからです。それでも、後のペアはいま答える気力がないので、ずっとあとにとっておくとして、前のペアは、カントの視点に限れば、以上の説明で、およそわかったのではないでしょうか？

これに関して、一つだけ加えておきましょう。また翻訳の話ですが、「独断論」と訳されたドイツ語は"Dogmatismus"であって、ドグマ（教義）に基づいて何かを語ることです。ここで重要なのは、この言葉は「ドグマ（教義）」がもともとニュートラルであったように——ニュートラルであったのですが——、とくにマルクス主義によって、ある凝り固まった思想を表す非難の言葉に成り下がり、それをわれわれ日本人は「教条主義」と呼んだ。

その対極が「修正主義（Devisionalismus）」であって、こうして両者はマイナスの価値をもってしまい、その語感が維持されたまま現代日本人は哲学書を翻訳で読む。すると、不幸にして、カントが使用している「独断論」にもその語感を投入してしまい、さらに、それでもなんとなくカントの「独断論」に対する攻撃とも重なるからこそ、微妙に見えてじつは大きな誤解を生む、という悲しい現象が生じてしまうのです。

6　批判という唯一の道

というわけでこの場も、進むにつれて「過去をひきずっている」ので、次第に進度が遅くなるようです。ここでの解説は、ちょうどこの書三〇頁の初めからです。

放置されていた唯一の道にほかならないこの道を、私はいまや選んだのであり、経験にかかわりあいなく使用されるときの理性をこれまで自己矛盾におちいらしめてきたすべての迷誤を、この道をたどって除去しえたと自負している。
（三〇頁）

初めの「放置されていた唯一の道」とは、もちろん「批判」という道のことですが、それにしても なぜ、「唯一」なのでしょうか？　それは、カントにとっては、独断論、懐疑論、批判主義という三つの道しかないからです。そして、前の二つの道は多くの哲学者が辿ってきた道であって、そこには解決できない問題が山積しているのに、なぜか最後の三番目の道は誰もとっていない。よって、「放置されていた唯一の道」というわけですが、こう解説しながらも、カントの思いこみの強さにあきれます。とは言え、もう少しカントに「寄り添って」――という言葉は大嫌いなのですが、あえて皮肉の意味もこめて――解釈すると、「唯一の道」とは、単に一つだけ残った道という意味に留まらず、真理に至る唯一の道が残されていて、それを自分が初めて歩むのだということでしょう。

それにしても、「理性をこれまで自己矛盾におちいらしめてきた迷誤」という日本語は、なんとかならないのでしょうか？　せめて、「この理性をこれまで自己矛盾に導いた誤謬」くらいに。

私は、人間的理性の無能力を口実とすることによって、理性の諸問題を回避するようなことはせず、むしろ私は、それらの諸問題を原理にしたがって完璧に種別化し、理性がおのれ自身に関して誤解している点を発見しおえたあとで、それらの諸問題を理性が完全に満足のゆくように解決したのである。
（三〇頁）

ここも、それほど難解な箇所ではありませんが、「私〔カント〕」がやり遂げたことはこれまで誰もできなかったのですが、なぜ誰もできなかったのか、という視点から見返すと、わかるようになる。すなわち、みな「人間的理性の無能力を口実とすることによって、理性の諸問題を回避した」ゆえに、最後に残った唯一の道である批判を見いだせなかったのです。

「理性の諸問題」とは、これまで何度も言ったように、「神はいるのか？」「私は自由なのか？」「私は不死なのか？」という諸問題です。そしてカントは、人間的理性は、これらに答えるには「無能力だから」という理由で、これら諸問題を「回避した」と言っているのですが、字面を見ると批判とほとんど違わないようにも思われてくる。

そこで、この印象は保留しておいて、次の文章に進むと、やはり批判とは大分違うことがわかります。「種別化」と訳された元のドイツ語は“spezifferen”であり、「細かく区分けして探究する」というほどの意味でしょう。「種別化」では何のことかわかりません。

そして、「理性がおのれ自身に関して誤解している点を発見しおえたあとで、それらの諸問題を理性が完全に満足のゆくように解決した」については、先に書いたことに対応する。その部分を、もう一度ここに書いておきます。

> 人間的理性は、「神・自由・不死の魂」が欲しいゆえに、必然的に越権行為に出てしまうのですが……それでも理性的である限り、やはり必然的にみずからの誤りも自覚できるはずなのです。
>
> （本書、六九頁）

すなわち、理性は自分が欲しいものを認識することにおいて「無能力」だから、これらの諸問題を

「回避」するのではなく、自分の能力の限界を知って、それに「満足する」ということです。「満足」のもとのドイツ語は“Befriedigung”であって、肯定的に大満足という意味ではなく、「乏しいもので足るを知る」こと。これは、後々までカントが強調する堅実至極な人間観であり、ぼわっとした期待がどんなに大きくても虚しいけれど、確実に実現される未来の事柄はどんなに小さいものでも価値がある、というようにイソップ寓話風な人間観です。

しかし、ふたたび現代日本人には想像するのが難しいでしょうが、当時の哲学界には、これではとうてい満足できない（足るを知ることができない）という大反対の嵐が吹き荒れたのです。

7　理性の本来の使命

こうした現象を重々承知のうえで、このあと、えんえんとカントはこれでは満足できない人を「なだめる」工作に出る。

なるほどそうした諸問題のその解答は、独断論に耽溺している好奇心が期待していたかもしれないような結果には全然ならなかった。なぜならこの好奇心は、私には理解のゆかない魔力によって以外には、満足させようもないからである。しかしながら、これはまたたしかに私たちの理性の本来の使命の意図でもなかったし、しかも哲学の義務は、誤解から発した幻想を、たとえなおそれほど賞讃され愛好されている妄想がそのさい消滅するにせよ、除去することであった。

（三〇頁）

このもってまわった三つの文章のうち、それでも最初の二つまで（「満足させようもないからである」まで）はわかるでしょう。「独断論に耽溺している好奇心が期待していたかもしれないような結果」とは、神の存在や魂の不死がしっかり証明されるという意味であり、このあとはカントの皮肉で、それは「魔力」によってのみ満足させられる、すなわちまともなやり方では満足させられない、という意味です。

後半の長い文章が読みにくいのは、またもや「理性」という言葉に籠められている意味がわかりにくいからです。カントは「理性の本来の使命」を何の予備的説明もなしにぽんともってきてしまう（ように見える）。あるいは「哲学の義務」を何の基礎づけもなしに前提してしまう（ように見える）。

このあたりが、理性主義の伝統が微塵もない、わが国民にはわからないのですね。理性的存在者が真実を求めるのは当然であり、そうしないのは、矛盾なのです。ちょっと話が逸れますが、道徳法則に内容がないのも――われわれには、わからないでしょうが――語る必要がないから。すなわち、すでに「理性的存在者」という概念の中に含まれているからなのです。よって、どんなときでも、たとえ身の危険があるときにでも嘘をつくなという義務が、理性的存在者である各人に、はじめから課せられているのです。

ここまで説明すれば、もうわかりますね。人間は感性的・理性的存在者であろうと、いやしくも理性的存在者なのですから、幻覚に陥って幸福であるより、真実に目覚めていて不幸なほうがいいことは、カントにとって当然なのです。

「誤解から発した幻想を、たとえそれほど賞讃され愛好されている妄想がそのさい消滅するにせよ」、つまり、夢が覚めてドスンと冷酷な現実に突き落とされても、それに満足するのが「理性の本来の使命」なのです。ここで言われている「使命」のドイツ語は“Bestimmung”であって、英語の“determination”に当たり、もう決定されてしまっていること――神によって、そう決定されたこと――という意味です。

このすべては、「理性（ratio=Vernunft）」という言葉そのものに含まれているのですが、これはわれわれ現代日本人には、あらためて学ばなくてはわからないことであり、学んでも実感をもって理解できないことですよね。

そして、次もわからないに違いない――すみません、わからない、わからないと言って。しかし実際、私はカントを五〇年読んできて、わからないのです。

この仕事にたずさわりつつ私は手落ちなく遂行することを私の大きな目標としてきたが、私は、ここで解決されなかった、あるいはその解決のための少なくとも鍵が提供されなかった、たった一つの形而上学的課題もないはずであると、あえて言う。（三〇頁）

つまり、理性は完全な体系であって、それは細部に至るまで整合的な秩序のもとにきっちりと体系づけられていて、その内部には一つの不合理なものも、不明瞭なものもない、ということ。よって、カントが理性の使命に従って哲学をするためには、「手落ちなく遂行する」ことが義務づけられているのです。

こうして、この『純粋理性批判』においては、「解決されなかった、あるいはその解決のための少なくとも鍵が提供されなかった、たった一つの形而上学的課題もないはず」なのであって、言いかえれば、本書において、すべての形而上学的問題を完全に解決した、とカントは思いこんでいる。
そして、この段落の終わりは、次のように結んでいる。

事実、純粋理性もまた一個の完全な統一であるので、この理性の原理が、理性自身の本性によって理性に課せられているすべての諸問題のうちのたった一つにだけでも不十分であるなら、その原理はつねに放棄されるよりほかにはないほどである。というのは、そのときにはその原理は残余の課題のいずれにも完全に確実に役立つものとはならないであろうからである。

(三〇―三一頁)

これが理性主義であり、理性信仰なのです。みなさん、あらためて驚きませんか? そして、こうした理性信仰のうえにすべてのヨーロッパの学問も成り立っているという、もう一つの理性信仰が結びついている。この信仰に対して、二〇世紀になってやっと理性以外の優れたものもあるかもしれない、いや、理性信仰がもしかしたら間違っているのかもしれない、いや、理性こそ最も暴力的なのかもしれない、とヨーロッパ中の哲学者たちが騒ぎ出し、この騒ぎがほぼ一〇〇年続いています。そして、理性信仰の片鱗もないわが国の哲学者たちも、その騒ぎに加わっている軽薄さ……というお話はこれまで何度もしました。

では、理性信仰ないし理性主義によらない哲学はありえるのか、と問うと、哲学自身が妄想だというのは、まあそう言ってもいいかもしれないけれど、哲学の存在を認める限り、私は理性主義でない哲学は「ない」と思っています。そして――たぶん大方の現代日本人とは違っていて――、「神はいるのか？」「私は自由か？」「私は不死か？」という問いほど重要な問いはないとも思っている。だから、五〇年間もカントを読み続けられたのです。

ここで終わってもいいのですが、少し物足りないし、次の箇所が面白いので、あとワンセンテンス見てみましょう。

> 私は、みずからこう言いながらも、読者の顔に、一見きわめて高慢で不遜にみえるこの要求に関して、軽蔑をまじえた或る不快の念を認めうるように思えるが、それにもかかわらずこの要求は、たとえば霊魂の単純な本性とか最初の世界の始まりの必然性とかをそこで証明すると自称するところの、最も卑俗な計画をもくろむいずれの著者の要求よりも、比較にならないほど穏健である。
> （三一頁）

これは、カントが人間の感情の動きを語っている文章であり、それ自身きわめて感情的だと言っていいでしょう。前に私は、「現代日本人がカントを解読できないのは、カントに『感情移入』できないから、その怒りを共有しないからではないでしょうか？」（本書、六七頁）と書きましたが、まさにこれはカントの「身になって考える」ことができるか否かの試金石とも言える文章です。われこそはと思う人は、カントが何を「感じているか」がはっきりわかるように解釈してください。これが、課題です。じっくり考えてみてください。

対話4

ここで言っている内容にとくに難しいところはないのですが、カントが何に対してこれほど嫌味たっぷり、皮肉たっぷりに語っているのか、その理由をとらえるのが難しいかもしれない。それがわかるためには、「この要求」――すなわちカントの要求――が何であるのか、しっかり押さえておかねばならない。それは、その前に書いてあること、すなわち「事実、純粋理性もまた一個の完全な統一であるので」から始まる文章であり、「理性の原理が、理性自身の本性によって理性に課せられているすべての諸問題のうちのたった一つにだけでも不十分であるなら、その原理はつねに放棄されるよりほかにはないほどである」（三〇―三一頁）という勇ましい要求です。

カントは、「批判」こそ唯一正しい真理に至る方法であり、この方法によって「すべての諸問題」、すなわち「神・自由・魂の不死」は最終的に解決されると宣言している。そして、これまでの形而上学はまったく間違っていると死刑宣告し、それのみならず、自分の提唱する批判によって人間的理性の根源的関心事はすべて完全に解決される、と言っている。カントの側に立たないとすれば――これほど「高慢で不遜な」態度はないではありませんか。

人々は、この「自分」をある信念に凝り固まった過激派と思うかもしれないけれど、カントは、そのことを自覚したうえで、神の存在や不死の存在を証明してしまう「最も卑俗な計画をもくろむ」人々――すなわち独断論者――より、自分は「比較にならないほど穏健である」と確信している。

ここに、哲学の論争における基本的な「噛み合わなさ」が露呈されています。どちらが、より「高慢で不遜」であり、どちらがより「穏健」であるかは、一筋縄では決まらない。内容が穏健でも、それ以外の考えをまったく寄せつけない態度もよく見かけますし、内容が過激であっても、比較的寛容な態度もある。

以上の箇所で読み取ってもらいたかったのは、この点、すなわちカントは、独断論者の理論内容が「高慢で不遜」だと主張しているのですが、カントを「高慢で不遜」だと訴える——とカントが想定する——独断論者は、自分ひとりが真理に至る方法を知っていて、あとはすべて間違っている、というカントのまさに「独断的態度」をとりあげ、これが耐えられないことはよくわかる、しかし間違っている、という二段構えになっているということです。

すなわち、カントは独断論者を単純に全否定しているのではなく、独断論者との論争の「噛み合わなさ」を知りつつ、にやりと笑って皮肉をこめて、自分は「比較にならないほど穏健である」と書いている感じなのですが……。

哲学の古典（とくに近代の）を読むときに注意すべきことは、それらが出たときは、およそ学界（専門家集団）からは両手で歓迎されることはなかった、むしろ眉をひそめられ、危険視されたということです。その後、評価され、権威づけられた古典であればあるほど、われわれは「著者の側」から読みがちですが、「著者が戦いを挑んでいる側」、すなわち「著者に戦いを挑まれた側」からも読まねば、その著書（すなわち著者）の真意は伝わってこない。

とくにこの『純粋理性批判』第一版の「序文」からは、カントの絶対的自信と、それにもかかわらず激しい反感を受け、誤解にさらされるだろうという覚悟のようなものが、ない交ぜになっていて、「心の動き」がなかなかヴィヴィッドに現れています。

では、このくらいにして、次の読解部分に移ります。

第三章　批判という方法

1　真理は遠くに求めるのではなく、私自身の中にある

いま解説した文章の最後、すなわちカントは、自分を独断論者と比べて「比較にならないほど穏健である」と言ったあと、その理由を述べているのですが、ここまで言葉を尽くして説明したのですから、すらすらわかると思います。

なぜなら、こうした著者は、人間的認識を可能的経験のすべての限界を越えて拡張することを引き受けるが、それについて私は、こうしたことは私の能力を全面的に越え出ていると謙虚に告白し、その代わりに私はもっぱら理性自身とその純粋思考とを問題とするからであって、これらのものの詳細な知識を私は私の周囲の遠くに求める必要はない。（三一頁）

しかし私は、私のうちの「理性自身とその純粋思考とを問題とする」だけでよく、「私の周囲の遠くに求める必要はない」という理由を語る次の文章は、それほど簡単に読解できるわけではない。

というのは、そうした知識を私自身のうちに見いだし、理性のすべての単純な働きが完全に体系

的に枚挙されることについては、普通の論理学もすでに一つの実例を私に示しているからである。ただ異なるのは、私の場合には、経験のすべての素材と援助が私から取りのぞかれるなら、どれほどのことを私は理性でもって達成できると望んでよいかという問題が投げかけられているという点だけである。

（三一頁）

まず、さきほどの引用文中の「私の周囲の遠く」は「私の周囲から遠く」、またこの引用文中の「理性でもって」は「理性をもって」にすべきだと思いますが、それはさておき、「ただ異なるのは」の前までの文章と、それに導かれる文章とで違うことを言っていることについてはいいですね。そして、むしろ前の文章のほうが、とらえどころがないように思われるでしょう。

「理性のすべての単純な働きが完全に体系的に枚挙されることについては、普通の論理学もすでに一つの実例を私に示している」とは、アリストテレスの論理学のことであり、カントはこれこそ「理性の単純な働き」の「完全な体系」であって、これは二〇〇〇年間、まったく変わっていない思考の規則だと考えている。

よって、カントはアリストテレスの論理学からカテゴリーを導くのですが、アリストテレスから直接導くと言うと、単なる歴史的・権威的源泉として扱うことですから、究極的には「悟性から」、しかしそのさい、アリストテレスの論理学を「導きの糸として」――参照にして――導く、という技巧を凝らしています――ここで「実例」という言葉を使っているのもこのこと。とにかく、こうした論理法則を、私は「私自身のうち」、すなわち「私の悟性のうち」に見いだすのです。

その次の「私の場合には」という限定は、もちろんカント個人ではなくて、人間的・理性的存在者としての「私」です。そう理解すれば、そういう「私」は「経験のすべての素材と援助が私から取りのぞかれるなら」、すなわち可能なる経験を超えてしまうなら、「どれほどのことを私は理性でもって達成できると望んでよいか」という問題に直面するわけです。ここは、"hoffen"の後が接続法であることも含めて、「達成できるとは望めない」という答えが用意されていると読むべきでしょう。

2　完璧性、詳細性、確実性

そして、次からは長々と自分の「批判」という方法が、「独断論者」と異なり、いかに厳密であるのかを示す四つのメルクマールについて書かれている。

> それぞれの目的を達成するときの完璧性、またありとあらゆる目的を達成するときの詳細性についてはこれだけにしておくが、この完璧性と詳細性とは、或る勝手なる企図が私たちに課するものではなく、私たちの批判的研究の実質としての認識自身の本性が私たちに課するものである。
> （三一―三二頁）

ここで、読者が戸惑うのは、完璧性と詳細性「についてはこれだけにしておく」という文面であり、すなわちもう語り終わったのだということです。どこで？　たぶん、次の部分などでしょう。

> 事実、純粋理性もまた一個の完全な統一であるので、この理性の原理が、理性自身の本性によって理性に課せられているすべての諸問題のうちのたった一つにだけでも不十分であるなら、その

原理はつねに放棄されるよりほかにはないほどである。というのは、そのときにはその原理は残余の課題のいずれにも完全に確実に役立つものとはならないであろうからである。

（三〇—三一頁）

つまり、われわれから見ると「批判」は「完璧であり、詳細である」と宣言しているだけのように思われますが、それは本書の中身を見ればわかる、とカントは考えているのでしょう。なお、カントは「完璧性（Vollständigkeit）」に対して、質的完全性をも含む「完全性（Vollkommenheit）」とは異なり、量的完全性に留まるという意味を与えている。カントが挙げる例では、「完全な時計」のような精密機械。それは「時間を計る」という限定された目的にかなっていればいいわけですが、「完全な人」というと、限定された目的がない。それは、あくまでも理念なのです。

ですから、ここでは、完璧な時計が正確に時間を計るために、すべての部品を落ち度なく据えたように、本書は人間的理性のあり方に関するすべての項目を落ち度なく記述した、ということでしょう。

これと重なるようですが、「詳細性（Ausführlichikeit）」とは、まさに欠けている点がないこと。それにも限りがありますが、カントは、先にメンデルスゾーンの言葉を紹介したように、「すべてを噛み砕く」のですから、AとBとCがあれば完璧だというところを、さらに区切って、A_1、A_2、A_3とB_1、B_2、B_3とC_1、C_2、C_3というにも留まらずに、さらに区切って、A_{1-1}、A_{1-2}、A_{1-3}、A_{2-1}、A_{2-2}、A_{2-3}、A_{3-1}……という具合に、できるだけ論述を「噛み砕いて」いく、という態度だと思います。つまり、「完璧性」が余すところなく拾い上げるという点に重点をおく概念であるのに対して、「詳細性」はできる限り分解して拾い上げるという点に重点を置く概念です。

では、両者はなぜ「実質（Materie）」なのでしょうか？　全体が何からできているかの「素材」に関しているからです。これには、アリストテレスの「形相（forma）・質料（materia）」の二項対立が背景にあり、「批判」がいかなる素材〔質料〕からできているかという問題は、ミロのヴィーナスがいかなる素材〔質料〕からできているかという問題と同じですよね。

そして独断論に比べて、比較を絶して批判が優れているのは、むしろ次の形式的要件を充たしているからです。

> なお、確実性と判明性という、私たちの批判的研究の形式に関する二つの要件があるが、これらは、このようにとらえにくい企図をあえてくわだてる著者に、人が当然なしうる本質的要求とみなされうる。（三二頁）

まず、「確実性」と「明晰性」が、なぜ「形式」なのかはさしあたりわからなくていい。今後、具体例が出てきたときに説明しましょう。「確実性」に関しては、ここからこの書の三四頁の段落の終わりまで続きます。

> ところで確実性に関して言えば、私は私自身に次のような判決を言いわたしておいた、すなわち、この種の考察においては私見を述べることはけっして許されてはいないし、また、そこでは仮説に類似するように見えるだけのすべてのものも禁制品であって、それは最低の廉価でもっても売りに出されてはならず、それが発見されるやいなや、差し押えられなければならないと。

（三三頁）

なんだか突如、法的世界に様変わりした感じですが、カントは法的概念をもって説明することが少なくない。その最たるものは「越権行為」という概念ですが、そのほか枚挙にいとまがない。すでに、「一つの法廷を設けよという勧告」（二八頁）という言い回しがありました。

法廷で「私見を述べることはけっして許されてはいない」ことはわかるとして、なぜ、それに続いて「仮説に類似するように見えるだけのすべてのもの」も禁じられるのでしょうか？　その前に「私見を述べる」と訳された"meinen"は「言葉遊び（Wortspiel）」であって、動詞の「〜と思う」と冠詞の「私の」を重ねて、「私固有の考え」という意味を作り出している。

また、この"meinen"はカントにおいては、確定した意味がある。「方法論」第二篇第三章には「私見、知識、信仰」という三段階が載っていて、「私見」とは客観的知識に至る前の、最も低レベルの見解なのです。

さて、同じように「仮説（Hypothese）」は、カントにおいて、客観的知識には属さない軽いものとみなされている。カントは、後に「理念は仮説ではない」と力説します。そして、その後を読んでみると、どうもここでは、法定価格より廉価で売っている商品は差し押さえるべきだ、という議論がなされていて、「確実性」との連関が見えにくいのですが、「確実性」には規範性というものが加味されているととらえると、わかります。幾何学が確実なのは、規則が明快であり、その規則に従って作図すれば確実な知識が得られるからです。あえて言えば、「三角形の内角の和」はいかなる事実的測定をも超えて「一八〇度であるべき」なのです。

なぜなら、ア・プリオリに確立しているべきいずれの認識も、おのれが端的に必然的とみなされることを欲すると、みずから宣言しており、ましてやこのことは、すべての確然的（哲学的）確実性の標準であるべき、したがって実例ですらあるべきところの、すべてのア・プリオリな純粋認識の規定であるからである。（三二頁）

また「ドイツ語・ラテン語翻訳問題」に入りますが、「確然的」という見慣れない言葉に戸惑うと思いますが、これは判断表の一項目としてあり（この書、上、二一三頁）、ラテン語起源の“apodikisch”という言葉なのですが、これはもともとのドイツ語の“notwendig”に当たる。カントは、同じ意味のはずのラテン語とドイツ語に別の意味を与え、論理的必然性を“apodikitisch”、因果律などの物理的必然性を“notwendig”として分けた。「確然的（哲学的）」という括弧はその意味です。そして、これらを日本語に訳すときに翻訳者は頭を捻って、後者には――ドイツ語起源ですから――日常語の「必然的」を、前者には――ラテン語起源ですから――「確然的」というわけがわからない硬い言葉を割り振ったのです。

これは、後進国の常套法であり、日本語はまさに「少年とボーイ、網とネット、鼠とマウス、線とライン……」など、本来一つの対象を意味していたはずの言葉に、日本語起源と欧米語起源の二重の意味を与える表現で溢れかえっています。

というわけで、少し説明が長引きましたが、じつは肝心のこの引用部分がよくわからない。この部分は「なぜなら」で始まっていて、その前の「最低の廉価でもってでも売りに出されてはならず、それが発見されるやいなや、差し押さえられなければならない」という文章、さらには「私は私自身に次のような判決を言いわたしておいた」という文章の理由を表しているはずですが、どうつながるのでしょうか？

これを「課題」にしましょうか。そして、ついでにこれに続く次の文章も第二の「課題」にします。

ところで、はたして私が、みずから引き受けたことを、この点でなしとげたかどうかということ、このことは全面的に読者の判断にゆだねられている。というのは、著者にふさわしいのは、いろいろの根拠を提出することだけであって、それらの諸根拠がその著者の判定者のところでもつ効果に関して判断することではないからである。（三二—三三頁）

これは一見、とても簡単そうに見えますが、カントがこれに盛り込んだ——なかなか豊かな——意味が正確にとらえられるかが鍵です。では、それほど穿《うが》つ——無理に捻じ曲げた意味を投入する——ことなく、かつじっくり考えてください。

第一課題で、まず注意すべきは、カントは「なぜなら……」とはじめて理由を述べていないこと、ただ、同じことを別の言葉で繰り返すだけのこと（トートロジカルなこと）が多いのです。「確実性」に関しては私見を述べることは許されず、法定価格が守られねばならない、「なぜなら……」と繋がっているわけです。ここで注意すべきは、これから何度もありますが、カントが採用しているのは法廷の比喩であって、そこに理性・悟性・認識などが、裁判官とか被告とか弁護人とか証人として、擬人化されて登場してくるということです。

「ア・プリオリに確立しているべきいずれの認識も、おのれが端的に必然的とみなされることを欲すると、みずから宣言しており」とはまさにその比喩であって、ここでは証人が証言にあたってする、真実のみを語るという宣言のような光景を考えればいい。ここで証人に当たるのは「ア・プリオリに確立している認識」であって、こういう認識は、他のデータによるよりもまず、「おのれ〔の言葉〕が端的に必然的と見てとれることを欲する」わけです。

ここで、少し、課題から逸れます。ふたたび言葉の問題ですが、「確実性」と訳されているドイツ語は“Gewissheit”であって、これは、「確信していること」と訳してもいい。英語の“certain”もそうですが、主観的な確信と客観的な確実とが重なっている言葉です。これを確認したうえで考えてみると、では「客観的確実性」とは何か？　例えば、A＝Aという同一律をとってみましょう。なぜ、われわれはこれを単に「ここにペットボトルがある」という判断とは違って、「必然的に」確実だと考えるのか？　すると、意外に答えが少ないことに気づく。どう答えても、「事柄自体が端的に確実だから」という答え①と、「われわれがそう確信してしまうから」という答え②に行きつく。

そして、さらに考えてみると、①は②に吸収されてしまう。すなわち、事実こうこうであるという確実性は、他の事実との比較照合によって経験的に確証されますが、A＝Aのようなすべての事実において成立する普遍性をもつものは、こういうやり方ではだめである。といって、それを「思考一般の規則」と言いかえて何かわかったことになるのでしょうか？　この場合、われわれはなぜ、A＝Aを「思考一般の規則」として認めるのかと問うと、「そう確信するから」と答えるほかないのではないでしょうか？

こうして、確実性の問題は、現代ではとくにフッサールやウィトゲンシュタインが生涯取り組んだ問題ですが、以上のラフなスケッチからもわかる通り、主観に重きを置くか客観に重きを置くかで、ぐるぐる回りの「死闘」が繰り返されている。

そして、じつは、その起源はカントなのです――ここでは、簡単にしか説明できませんが。カントは、超越論的統覚という、経験的主観ではない、独特の主観を提起することによって、この死闘を解決しようとしたと見ることもできる。超越論的統覚にとっては、客観的確実性はすなわち超越論的レベルにおける主観の確信なのですから、「主観的確信＝客観的確実性」となるというわけです。このあたりのことは、いまのところは初心者の方はわからなくても結構です。

さて、課題に戻りましょう。

「ア・プリオリに確立しているべきいずれの認識も、おのれが端的に必然的とみなされることを欲すると、みずから宣言」するという擬人的表現は、先の証人が超越論的統覚だとしっくりするでしょう。そこで、後半ですが、「ましてやこのことは、すべての確然的（哲学的）確実性の標準であるべき、したがって実例ですらあるべきところの、すべてのア・プリオリな純粋認識の規定であるからである」は、「ましてやこのことは」とあることから、さらにレベルを上げていることがわかります。

この違いを解読することがポイントです。「ア・プリオリに確立しているべきいずれの認識も、おのれが端的に必然的とみなされることを欲すると、みずから宣言」するのですが、ましてや「すべての確然的（哲学的）確実性の標準であるべき、したがって実例ですらあるべきところの、すべてのア・プリオリな純粋認識」は、これを宣言するということ。ここの読みは、カントに添って解読していかねばわからない。カントは、「ア・プリオリに確立しているべき」すべての認識の中で、まさに自分の批判哲学におけるア・プリオリな認識こそ特権的だと考えていた。それは知っている人にはすぐわかるところのア・プリオリな綜合判断ですが、今回はここまで立ち入らなくていいでしょう。すなわち、批判哲学におけるア・プリオリな認識こそが、あらゆるア・プリオリな認識の「標準」であり、「実例」（ここでは典型例というほどの意味）である、とカントは言いたいのです。

以上が、第一の課題の「正解」です、表面をなでるのではなく、表面を抉るように読んでいかねばなりません。さて、こう読んでいくと、次の何気ない文章（二つ日の課題）の真意、すなわちなぜカントがこんなことを言うのか、ということもわかってきます。

以下、二つ目の課題の正解ですが、まずカントの「場面設定」を読み取ることが重要です。「私

＝著者」は、被告ないしその弁護人なのであり、読者は裁判官という設定なのです。被告である私が「みずから引き受けたことを、この点でなしとげたかどうかということ」は、「全面的に読者〔裁判官〕の判断にゆだねられている」のであり、被告である私がなすべきことは、「いろいろの根拠を提出することだけであって、それらの諸根拠がその著者（被告）の判定者〔裁判官〕のところでもつ効果に関して判断することではない」のです。

この次に、カントは「主観的演繹」が読者に理解されないことを懸念したり、その少しあとでは、「読者と著者とが力を合わせる」（三六頁）とか、「私は私の読者に裁判官の忍耐と公平を期待する」（三七頁）などと語っている。こうしたことを加味すると、カントは相当ラッキーでなければ、本書『純粋理性批判』は理解されないと考えているようです——この危惧は予想通り、現実化したのですが。こうしたことから、課題の部分からは、私がどんなに明晰に書いても、読者は思わぬ判定をするかもしれないという危惧と、さらに耳を澄ませば、その効果まで私は責任を負いきれない、というシニカルなトーンも聞こえてくるのではないでしょうか？

3　カテゴリーの演繹

このあたりで課題の解説を終えて次の部分に移りますが、まさにここからはカント城の急勾配の高い石垣を登っていかねばなりません。

しかし、何ものかが思わずその効果を弱める原因とならないように、いくらかの不信の念をひき

> おこす機縁となるかもしれないそうした諸箇所を、たとえそれらの諸箇所が副次的な目的にかかわるにすぎないにせよ、みずから注意するということは、著者におそらく許されてよいことであろうが、それは、この点における読者のいささかの疑惑だけですらも、主要目的に関して、読者の判断へとおよぼしがちな影響を、いち早く防いでおくためにほかならない。（三三頁）

まったく、あなたはこういう文章しか書けないのかと――カントが面前にいれば――抗議したく――怒鳴りたく？――なりますが、これもカントが湧き起こる反論に対して身構えている姿勢と見ていいでしょう。要は先の被告としての著者の設定を続けて、「不信の念をひきおこすかもしれないそうした諸箇所を、たとえそれらの諸箇所が副次的な目的であろうと、著者がみずから注意することは、主要目的に関して、読者の判断におよぼす影響を、いち早く防いでおくために必要である」ということ。こう書けばいいのに！

そして、確実性の議論は、次の箇所から「演繹」という特殊カント的テーマに様変わりしてしまう。まさにこの「演繹」といかに向き合うかが、全カント研究者に課せられている課題だと言っても過言ではありません。

そのまえに「演繹」と言うと、数学や論理学を想い起こすかもしれませんが、これに当たるドイツ語は“Deduktion”であり、“dedukutio”というラテン語起源です。そしてこのラテン語は“de”（～から）＋“duco”（導く）という意味に過ぎない。ですから、この「演繹」を論理学における帰納法に対する演繹法という意味にとってはならないのです。どうも、これもまた、証拠を集めてそこから何事かを「導く」という当時の法律用語らしく、当時はたくさんの“Deduktionsschrift”（演繹文書）があったということを、亡くなられた石川文康さんから昔、聞いたことがあります。

さらに、じつは——ここでは言及していませんが——正確には、「演繹」にカテゴリーを悟性「から」導く「形而上学的演繹」と、カテゴリーを経験に適用させる「超越論的演繹」との二つがあって、ここで触れられているのは後者です。前者のほうが「演繹」の本来の意味を保持していて、かつ問題が多いのですが、普通ただ「演繹」というと、ここでカントがおこなっているように、後者の「超越論的演繹」を意味することになっている。

さて、以上を準備としたうえで、『純粋理性批判』において「演繹」についてカントが最初に語る文章を見てみましょう。

> 私は、私たちが悟性と名づけている能力を究明し、また同時にこの能力の使用の諸規則と諸限界とを規定するために、私が超越論的分析論の第二章において、純粋悟性概念の演繹という標題のもとでこころみたものより、いっそう重要と思われるいかなる研究をも知らない。しかもこの研究は、最も多くの、だが、願わくは、報われなくはない労苦を私に払わさせた。（三二頁）

「演繹」についてまともに語ったら、まず原稿用紙で一〇〇枚はかかるでしょう。それほどやっかいなものですが、この「演繹」はカントに、これより「いっそう重要と思われるいかなる研究をも知らない」と言わせ、「最も多くの、だが、願わくは、報われなくはない労苦を私に払わさせた」とまで言わしめているのです。

しかし、興味深いことに、このあとの哲学史において「演繹」はわずかにフィヒテに見られるだけであって、誰も踏襲していない。それどころか、ショーペンハウアーのように、まったく無意味とみなす哲学者もいます。そして、カント研究者の中でも「演繹」にこだわる人はごく一部であって、ほとんどの人は「敬遠」しているという感じではないでしょうか？

というのも、「演繹」に関しては、中へ分け入れば分け入るほど、もしかしたらすべてがカントの思いこみ（思い違い）による「擬似問題（pseudo problem）」に過ぎず、それ自体が成立しないのではないか、という疑問がふつふつと湧き起こってくるからです。

という、思わせぶりな書き方をしてきましたが、先にも言ったように、カントは悟性から——アリストテレスの判断表を参照して——カテゴリーを導いた。しかし、そのカテゴリーは単なる「（純粋悟性）概念」に過ぎないのですから、それが経験（実在世界）に適用されうるための論証が必要であり、それが（超越論的）演繹なのです。

例えば、因果律を、カントは経験から導かれたのではないと考えた。なぜなら、経験からはア・プリオリ——経験に先立つということですが、それでは同語反復なので、ここではさしあたり「自然必然的」としておきましょう——なものは導かれないからです。カントの大前提として、ア・プリオリなものの起源は、知覚に基づく経験の「うち」にはなく、理性（悟性）の「うち」にしかない。すると、われわれの理性の「うち」に源泉をもつものが、なぜ経験に適用できるのかという大問題が生ずるわけです。

もちろん、これは因果律をとらえ損なっているのであり、因果律は単に帰納法によって経験から導びかれる、というロック的な考えも有効な——いや、このほうが実情に合っている——のですが、カントはそう考えない。その理由を探ると、カントの頭にはやはり——第一原因や究極原因などが位置する――概念だけの古い因果律が残っていたのであり、こうした因果律一般から時間・空間的条件の下に限定された因果律が物理的因果律である、という構図が成立していて、カントはこの構図の中で思考していたのです。

ですから「演繹」とは、この構図の枠内では、因果律という概念を時間・空間的条件に「限定する」ということにほかならない。そこで「演繹」は、悟性の形式としてのカテゴリーの一つである因果律と、感性の形式としての時間・空間との関係という難問――なぜなら悟性と感性は異質であるから――へと変身することになる。そして、カントの解答は、自然とはすでに時間・空間という形式の下にあるとともに、因果律という形式の下にあるという論点先取なのですが……すでに大分、「演繹」の深みにはまったようですから、このあたりで脱出しましょう。

ここで、もう少し身を離して「演繹」を考えてみると、カントにとってニュートン的自然は絶対であり、その普遍性は特権的であることを論証したかった。そのためには帰納法では――たかだか九九パーセントの確実性しか得られないので――だめであり、まずニュートン的自然を成り立たせるような基本命題（実体、因果律、相互作用など）を確保しておいて、「そこ」からニュートン的自然を「導く」というやり方を意図した。

先にも言ったように、カントはアリストテレスの判断表を適宜変えてカテゴリーを作成したのですが、じつはこのとき、すでにニュートン的自然が成り立つような項目を選んでいる。ところが、そうではない「ふり」をして、あくまでも「悟性のうち」に見いだしたカテゴリーであって、それ自身、経験とはまったく関係がないはずなのに、なぜ経験に適用されるのか、と問うているのだから答えようがない。

以上が舞台裏と言っていいでしょう。この舞台裏を見てしまうと、「演繹」についてまじめに探究する気力を失うというのが少なからぬカント学者であり、私もそうです。

しかし、カントもそれほどの詐欺師（？）ではなく、後に見ますが、第二版の序文で「実験的方法」という方法について述べている。それは（普通の実験ではなく）われわれが予め経験に形式（因果律）を投入したゆえに、経験はその形式（因果律）をア・プリオリに有している、という方法であり、まさに「演繹」の舞台裏を明かしてくれると言っていいでしょう。

とにかくこれが、これより「いっそう重要と思われるいかなる研究をも知らない」、かつ「最も多くの、だが、願わくは、報われなくはない労苦を私に払わせた」とカントが嘆息している「演繹」なのです。

なお、こうした考え方は、後に「概念枠」という形で二〇世紀ドイツ哲学の大立者、ディーター・ヘンリッヒやヒラリー・パトナムなどの分析哲学者たちが復活させますが、その話は割愛します。読者は、さしあたりここには『純粋理性批判』最大の難問が横たわっていて、それも冷静に見てみると相当いかがわしい（かもしれない）、というくらいの理解に留めておいてくれればいいでしょう。

4　客観的演繹と主観的演繹

このあたりで、カントの本文に戻ります。「演繹」は「客観的演繹」と「主観的演繹」とに区別される。

この考察は、いささか深く基礎づけられているものではあるが、けれども二つの側面をもっている。一方の側面は純粋悟性の対象に連関し、だから純粋悟性のア・プリオリな諸概念の客観的妥当性を確証し明白ならしめるべきものである。まさにこのゆえにこの側面はまた本質的に私の諸目的の一部をなす。（三三頁）

これが「客観的演繹」の短かすぎる説明ですが、まったくわからないでしょうから、後回しにします。これに対して、「主観的演繹」はわかりやすい。

他方の側面は、純粋悟性自身を、その可能性と、純粋悟性自身がそれらにもとづいている諸認識力とにしたがって考察するもの、それゆえ純粋悟性を主観的連関において考察するものであり、たとえこうした論究が私の主要目的に関して大きな重要性をもっているにせよ、それでもそれは本質的には私の主要目的に属してはいない。（三三―三四頁）

「主観的演繹」は、認識能力の「うち」に悟性の形式（カテゴリー）と感性の形式（時間・空間）とが合致する理由を求めることであって、悟性も感性も人間の認識能力なのですから、両者がどのように作用するかを探究することによって、ニュートン的自然の基本構造（実体、因果律、相互作用など）が生まれ出ることを示すというものであり、これは自然な発想で、わかりやすいと思います。

では、あらためて「客観的演繹」とは何でしょうか？「純粋悟性の対象に連関し、だから純粋悟性のア・プリオリな諸概念の客観的妥当性を確証し明白ならしめる」では全然わからない。

カントはあるところで、「主観的演繹」を「下からの演繹」と呼び、「客観的演繹」を「上からの演繹」と呼んでいます。つまり、「主観的演繹」とは認識が成立する過程を「下から」、すなわちわれわれの直観に与えられたものから、徐々にそれがいかにして悟性によって綜合的に統一されるかを辿る。ですから、発生的説明に近いわけです。これに対して「客観的演繹」とは、超越論的統覚がいかにして対象を構成するかを語る。つまり、ニュートン的対象が成立するためには、いかなる仕方で悟性が現象を綜合的に統一する必要があるかを語るのです。

と、ここまで書いて、これではすでに「演繹」を読みこんだ人でないとわかるわけがないと思いなおし、ここでいったん説明を中止しましょう。

一つだけ重要なことは，カントは客観的演繹こそ、「本質的に私の諸目的の一部をなす」と言い、「主観的演繹」は「本質的には私の主要目的に属してはいない」と言っていること。ここで、いままでしなかったことですが、少し途中を飛ばしてこの書三四頁の段落が終わる直前の文章を先に見ておきます。

このことを考慮して私は読者に先廻りして次のように注意しておかなければならない、すなわち、私の主観的演繹が、私の期待した全確信を読者のところでひきおこさなかった場合でも、私にとってここで主として問題であるその客観的演繹は、その完全な強みをもっており、いずれにしてもそのためには、九二ページから九三ページで述べられていることだけで十分事足りうると。

（三四頁）

カントは、このことにこだわっているのですが、なぜ「主観的演繹」は「本質的には私の主要目的に属してはいない」のみならず、「私の期待した全確信を読者のところでひきおこさな」いかもしれないというような自信のなさを見せるのか、言いかえれば、そんなものをなぜ『純粋理性批判』に載せるのか、この問いに対する答えはいまの段階ではなかなかすっきりとは出せそうもないので、保留しておきましょう。

ただこの答えに対するヒントの一つとして、「演繹」は第一版から第二版で完全に書き直されますが、第一版では「主観的演繹」が主であったのに、第二版では逆転して「客観的演繹」が主要部分を占めるようになる。このあたりは、第一版から第二版への書き換えにおいて、カントはどこをどう変えたのか、そしてその理由は何か、という大きな問題に繋がりますので、それもゆっくり時間をかけて追々説明していきましょう。

さて、こうして主な問題はすべて先送りにしてしまいましたが（だからでしょうか？）、あとは、比較的わかりやすい文章が並んでいるだけです。

> というのは、主要問題はあくまで、何を、またどれほど悟性と理性とは、すべての経験から離れて、認識しうるかということであって、いかにして思考する能力自身が可能であるかということではないからである。（三四頁）

これはいいですね。カントは理性・悟性・感性などの人間の認識能力を前提していて、それらがいかにして可能かとは問わない。ただ、それらの能力がどこまで及ぶか、どこで限界に達するか、を語るだけです。

さて、ここで「課題」です。以上に続く次の文章は何を語るのでしょうか？

後者は、いわば、一つの与えられた結果に対する原因を探し出すことであり、だからそのかぎり何か仮説に類似したものをおびているので、（たとえ、私が別の機会に示すであろうとおり、実はそうではないにせよ。）あたかもこの場合には、私が私見を述べることを私に許し、それゆえ読者にも勝手に別様の私見を述べることをみとめざるをえないかのように、見える。（三四頁）

あくまでも「後者」について語る文章ですが、前にも「私見」という概念が出てきたことですし、「仮説」もありましたから、だいたいの推測はつくのではないか、と思いますが、じつはそんなに簡単ではないことを言い添えておきます。

対話6

「後者」とは「主観的演繹」です。「主観的」とは人間の認識能力に関してというほどの意味であり、カントは古い人ですから、人間を超えた理性的存在者一般に妥当することを「客観的」と呼び、感性的・理性的・理性的存在者、すなわち人間だけに妥当することを「主観的」と呼びます。まず、これを押さえておいてください。

カントが「演繹論」で論証したいのは、人間的感性という限定を超えた普遍的論証なのですから、客観的演繹がメインとなるに決まっている。さて、「演繹論」の課題は、いかにして理性（悟性）のうちに起源をもつカテゴリーが経験に適用できるかの論証ですから、「主観的演繹」とは、それを人間的・感性的認識能力――すなわち感性的直観や構想力――との連関で論証すること。

次に、「二つの与えられた結果に対する原因を探し出すことであり、だからそのかぎり何か仮説に類似したものをおびている」という箇所の解読ですが、仮説は「方法論」の「第一篇　第三章　仮説に関する純粋理性の訓練」（『純粋理性批判』下、原佑訳、八四―九八頁）で詳しく論じられています。

カントはそこで仮説に関して、「なるほど独断的使用ではないが、しかし論争的使用においては、まったく許容されている」（九二頁）と語っている。言いかえれば、「仮説的な対抗手段」（下、九七頁）であって、形而上学的・独断的仮説に対抗して相手をくじくための仮説です。カントはこんな具体例さえ挙げています。

> ……最も粗雑な仮説ですらも、それが物理的なものでさえあれば、超物理的な仮説よりも、言いかえれば、そのために前提される或る神的創造者を引き合いに出すよりも、いっそう我慢できるものである。（下、八八頁）

先の引用箇所に戻ると、「二つの与えられた結果」とは悟性であり、「いかにして思考する能力自身が可能であるか」（上、三四頁）は説明しようがないのですが、あえてその「原因」を求める。そして、人間的・感性的認識能力（感性的直観と構想力）が悟性なしでは機能しえないという説明をする。これが第一版の「主観的演繹」において、実際にカントがしていることです。

これは普遍的な悟性（思考能力）を――やはり、その能力の原因はわからない――特殊人間的な認識能力（感性的直観や構想力）によって説明するものであって、カントは仮説の「論争的使用」を自覚してこうした議論を展開しているのですが、おうおうにして「独断的使用」、すなわち証明されていないものを使って証明するという域を出ないと思われても仕方がない、と言っているのです。「私が別の機会に示すであろうとおり、実はそうではないにせよ」とは、単なる独断的使用ではないという意味でしょう――「別の機会」とは「方法論」と考えるのが自然です。

そして、以上の解釈は、次のさらにわかりにくい文章に光を当てるように思います。

> あたかもこの場合には、私が私見を述べることを私に許し、それゆえ読者にも勝手に別様の私見を述べることをみとめざるをえないかのように、見える。（三四頁）

「私見」については、やはり「方法論」の「第二篇第三章　私見、知識、信仰について」（一四〇―一五三頁下）において、知識や信仰に至らない「主観的にも客観的にも意識的に不十分な真」（一四二頁）であるとされています。すなわち、カントは以上のように、「主観的演繹」をきちんとした仮説の「論争的使用」にのっとって、悟性が神から流出したとか、叡智界に由来するとかいう独断的仮説を封じ込めるために使用しているのですが、それにもかかわらず、さまざまな「私見」に並ぶ何の根拠もない単なる「私見」を語ったと誤解される余地はあるだろう、という意味です。

その後、カントは「客観的演繹は、その完全な強みをもっており、いずれにしてもそのためには、九二ページから九三ページで述べられていることだけで十分事足りうる」（三四頁）と言っていますが、そのところは「客観的演繹」自身ではなく、「カテゴリーの超越論的演繹への移り行き」の前半に過ぎないので、それで「十分である」と語っているカントの真意がわからない、という疑問が湧いて当然です。

この箇所はずっと研究者のあいだで問題になっているところであり、カントを「えこひいき」する解釈でない限り、やはりおかしいと思います。しかし、あえて「えこひいき」しますと、この「主観的演繹」で終えることはなく、「移り行き」によって「客観的演繹」を準備しているのだから、「十分である」と一応読むことができるのかもしれません（?）。

「演繹」についてはきりがないので、ここまでにしましょう。

ここで、「正解」を抜き書きしてみます。

ア・プリオリに確立しているべき、いずれの認識——これをAとする——も、おのれが端的に必然的とみなされることを欲すると、みずから宣言するという擬人的表現は、先の証人が超越論的統覚だとしっくりします。そこで、後半ですが、「ましてやこのことは、すべての確然的（哲学的）確実性の標準であるべき、したがって実例ですらあるべきところの、すべア・プリオリな純粋認識——これをBとする——の規定であるからである」は、「ましてやこのことは」とあることから、さらにレベルを上げていることがわかります。

この違いを解読することがポイントです。

Tさんの質問は、AとBが同じではいか、というものですが、そうなら全体の意味がわからなくなる。ここでは「ましてや（noch vielmehr）」を積極的に読まないと理解できない。とすると、AとBはどう違うのか？

じつはヒントはある。それは、Bの「すべてのア・プリオリな純粋認識」という表現です。第二版の「序論」でカントは、ア・プリオリな認識と純粋なア・プリオリな認識とを分けています（八〇―八二頁）。前者は広く経験的なものが混入しているア・プリオリで――カントが挙げている例は、後に比較的ア・プリオリと言われるもの――、そのうち純粋なア・プリオリとは、経験的なものを微塵も含まないア・プリオリだと言っている。よって、第一版のここもそのことではないか、という解釈が可能です。

しかし、ここではポンと一回だけ「純粋」という言葉があるだけで、何の説明もないのだから、まだ七年後の第二版のような厳密な区別はないとも解釈できる。先には、その線にそって、次のように書きました。

カントは「ア・プリオリに確立しているべき」すべての認識（A）の中で、まさに自分の批判哲学におけるア・プリオリな認識（B）こそ特権的だと考えていた。それは知っている〔カントを熟知している〕人ならすぐわかるところのア・プリオリな綜合判断ですが……。

（本書、一〇一頁）

カントにとって、「すべての確然的（哲学的）確実性の標準であるべき、したがって実例ですらあるべきところの、すべてのア・プリオリな純粋認識」（B、この書、三二頁）とは、実際には――A＝Aのようなア・プリオリな分析判断というよりは――ア・プリオリな綜合判断、すなわち幾何学における命題と因果律であることは確かです。しかし、第二版の「序論」をここに読みこむと、「ア・プリオリな純粋認識」はむしろ分析判断や幾何学の判断になってしまい、それは『純粋理性批判』全体の構造からズレてしまう。

というわけで、ちょっと迷路に入りこんでしまいました。このくらいで、解答は終わりにします。

5 「完璧性」と「詳細性」について

前に出した課題ではないのですが、「完璧性」と「詳細性」について、Tさんから質問を受け、自分でも考え直しましたので、その部分を補充します。ここで、カントはアリストテレスの形式的論理学に対して、自分の超越論的論理学の「正しさ」を表明していることは確かなのですが、その違いのポイントは、超越論的論理学は「形式」のみならず「実質」にも関わるというところにあります。

そして――わかりにくいことに――その実質とは、「理性自身の本性」（三〇頁）や「認識自身の本性」（三二頁）という漠然とした言葉なのですが、それはすなわち、理性が可能なる経験のうちで科学的認識を成立させるとともに、それを超えたところでは、理性の関心にそった理念を形成するということにほかならない。そして、――混乱することに――「超越論的論理学」とは、『純粋理性批判』における「超越論的分析論」と「超越論的弁証論」のことですから、「実質」とは『純粋理性批判』で論じている実質、すなわち理性の限界を論じること、そのことを意味してしまうわけです。

こうした大枠において「実質」としての「完璧性」と「詳細性」とがもちだされてくるのですから、これら両概念は『純粋理性批判』において実現されている「完璧性」と「詳細性」であることになる。

先には、この点をはっきり言いませんでしたが、このあとますますこの書の「書き方」に即した議論に集中してくることからも、以上のことは確かでしょう。そのうえで、前に見落としていたのは、この書三一頁最後の行の「それぞれの目的を達成するときの完璧性、またありとあらゆる目的を達成するときの詳細性」という部分です。

これは、最後まで「これだ!」というふうにはわからないのですが、このあたりの叙述から見て、「私は、ここで解決されなかった、あるいはその解決のための少なくとも鍵が提供されなかった、たった一つの形而上学的問題もないはずである」(三〇頁)という部分に一番の重点があると言っていい。そして、それはまさに「詳細性」です。しかし、「完璧性」はとなると、「詳細性」と区別されたものとしては登場してこないので、先の「それざれの目的を達成するときの」という限定を想い起こして、——前に、時計の例を出したように——「それぞれの目的の学を達成するときの完璧性」と読めないこともない。そして、あらゆる学を基礎づけるのが「超越論的論理学」なのですから、それは「ありとあらゆる目的を達成するときの詳細性」に対応することになる。

先の一般的説明が間違っていたわけではありませんが、あえて訂正すれば、前に私は「詳細性」を「できる限り分解して拾い上げる」(本書、九五頁)と書きましたが、「それ以上、分解できないところまで至って拾い上げる」とすれば、いっそうはっきりするでしょう。

6　直覚的判明性について

では、次の箇所に入ります。テーマは「確実性」から「判明性」に移りますが、ますますカントは『純粋理性批判』を書くときの技術に焦点を絞っていくようです。

> 最後に判明性に関して言えば、読者は、まず概念による論弁的（論理的）判明性を、次には、直観による、言いかえれば実例ないしはその他の具体的な解明による直覚的（感性的）判明性をも要求する権利をもっている。第一の判明性に対しては私は十分に配慮した。これは私の意図の本質にかかわるものであったのであるが、これはまた、第二の、たとえそう厳しいものではないにせよ、それでも正当な要求に、私が十分のことをなしえずにおわった思いがけない原因ともなった。
>
> （三四―三五頁）

「論弁的」の原語はラテン語起源のドイツ語“diskursiv”であり、これに括弧が付いて「論理的（logisch）」となっている。そしてこれに、対立的な意味として“intuitive（直覚的）”をもってきて、これにも括弧が付いていて、“ästhetisch（感性的）”となっている。カントがある言葉を別の言葉で言いかえるとき、「なぜ？」と一度立ち止まる必要がありますが、ここでは括弧の外は学術用語、括弧の中は一般用語と言っていいでしょう――正確にはかならずしも同義ではありませんが、ここではこんがらがるといけないので、触れません。

「論弁的」とはまさに、「三段論法などの概念をつかって論証すること」によって、ある命題が真であることを示すこと、これに対して「直覚的」とは図形やモデル、カントの言葉では「実例ないしはその他の具体的な解明」によって「端的に示すこと」、さらにそのことによって、ある命題が真であることを示すことです。

「平行しない二直線がつくる対頂角は互いに等しい」という命題が真であることは、「端的に見てとる」ほかない。これは、現代哲学では「直示的（ostensive）」とも言われ、考えてみれば、眼前の「これ」が「赤である」とか「トマトである」などは、最終的には見て取るほかないのです。そして、西洋哲学の歴史では、この直覚的判明性が判明性の中核概念であって、思弁的判明性よりレベルが高いとされてきた――ヘーゲルやショーペンハウアーのような例外もありますが。

そして、カントは『純粋理性批判』においては、「思弁的判明性」については十分成し遂げたが、「直覚的判明性」はそうではない、と告白している。そして、このあとほぼすべての議論が、その弁明に費やされているのです。

> 私は、私の仕事の進行中，どうこの点を扱うべきかをほとんどたえず決しかねていた。実例と解明は私にはつねに必要であると思われたし、だから実際にも最初の草稿のうちではそれぞれの箇所で然るべく挿入されていた。しかし私は、私の課題の巨大さと、私が問題とせざるをえない対象の多量さとをすぐさま見抜き、また私はまったくこれらのものだけでも、無味乾燥な、たんにスコラ的な講述というかたちにおいて、この著作をすでに十分厖大なものにするにちがいないと気づいたので、通俗的な意図においてのみ必要である実例や解明によってこの著作をなおいっそう厖大なものにするのは、不得策であると認めたのであるが、わけてもこの著作は断じて通俗的

な使用に適するはずがなく、学問の真の精通者はそうした平易化をそれほど必要とはしないのであり、たとえそうした平易化はいつでも好ましいことであるにせよ、しかしこの場合には何か目的に反する結果をすらひきおこすおそれがあるのである。（三五頁）

後半の「しかし私は」から始まる文は翻訳で約八行続き、カント的冗長な文章の「走り」ですが、文章としてはとくに難しくはなく、むしろすらすら読めてしまうでしょう。ここで「直覚的判明」が、先にさんざん議論した「通俗性」と連関していることがわかります。このあともカントは、「通俗性」について相当こだわっていますが、これからは主に哲学書の書き方という具体的テーマにしぼっている。

ここでカントが採用しているのは正統的な考えであって、哲学書たるもの、「通俗性＝平易化」を第一に目標に掲げて書いてはならない、多少通俗性に欠けても、正確で厳密な議論のために必要な難解さは許容されるということでしょう。そして、カントはここでは、「直覚的判明性＝通俗性」を避けた理由は、主に、あまりにも厖大になるからと言っていますが、そればかりではない。個々の事例にとらわれて直覚的判明性を実現しようとすると、全体の著作があまりにも厖大になって、かえって全体の見通しが悪くなる――判明ではなくなる――からだ、と解釈できます。

カントは、このことを次のようにシニカルなタッチで表現していますが、読者諸賢は、まさに「これ」がカントだということ――皮肉や捻りや茶化しやとぼけが大好き人間だということ――を知っていておいてください。次から約一頁も続く皮肉はかなり有名なものです。

> なるほど僧院長テラッソンはこう言っている、書物というものの大きさを、ページ数によってではなく、その書物を理解するのに必要な時間によってはかるなら、少なからぬ書物について、これほど短くなかったなら、この書物ははるかにいっそう短くなったであろうにと言うことができようと。（三五頁）

まあ、これはわかりますね。ある種の本は、「通俗性」を第一に目指して、面倒な議論はすべてカットするか短縮してしまったがゆえに、かえってわかりにくくなり、読むのにずいぶん時間がかかった、ということ。これほど内容を短縮していなければ、読む時間は、「はるかにいっそう短くなったであろうに」というわけです。

これを受けて、カントは次のように言う。

> しかし他方、思弁的認識の、広汎ではあるが、それにもかかわらず一つの原理において脈絡づけられている全体の理解しやすさを意図しているときには、同様に正当にこう言うことができるはずである、これほどまで判明にさえされようとしなかったなら、かなりの書物ははるかにいっそう判明となったであろうにと。（三五―三六頁）

これも、わかりますね？　同じように、ある種の本は「直覚的判明性」を第一に目指して、ありとあらゆる思弁的判明性も、そもそも判明な書き方に適合しない箇所をも除去してしまったがゆえに、かえってわかりにくくなってしまった。これほど判明性にこだわらずに、判明でない叙述も残しておいてくれれば、もっとわかりやすく、「判明となったであろう」というわけです。

これを書いていてにんまりしている、カントの顔が浮かぶようです。そして、その次に念を押すような文章が続きますが、これを「課題」にしましょう。

> なぜなら、判明性という補助手段はなるほど部分的には助けになるが、しばしば全体的には散漫ならしめるからであって、それは、この補助手段が読者に十分すみやかに全体の概観をえさせず、あらゆるその明るい色彩によってかえって体系の分節、あるいは構造を塗りつぶし、見わけがつかなくさせるためであるが、なんとしてもこの分節や構造が、その体系の統一と有能さを判断しうるためには、最も問題となるのである。（三六頁）

カントは、「直覚的判明性」を自分が避けた新しい理由を主張していますから、これまでの繰り返してはなく、そのことを正確にとらえて回答してください。

と、そろそろ「こんなことして何になる?」という声も聞こえてきますので、あらためてカントを「読む」とは、こういうことだということを言いたくなりました。

ほんとうに、人生ほかに有意義なことがあまたあるのに――じつは、私はそう思っていないのですが――、一冊の哲学書にこれだけの労力を投入する価値があるのか、という疑問が湧いて当然ですよね。しかし、『純粋理性批判』が読めれば、あとはどんな哲学書でも読めると言っていいほどであること、それほどの訓練になることは確かです。

さらに、あくまでも私見ですが、カントはわれわれ人間が言葉を使って思考する限りのごまかしのなさ、言葉のみを信じて、ほとんど言葉が機能しなくなるまで、語り続けるべきことを教えてくれる。そして、日頃、われわれが何と安直に言葉を使い、そして解決したつもりになっているかを教えてくれる。独断論でもなく懐疑論でもない、中間をずっといくこと、どちらかに少しでも傾いたら、自らに警告を発すること、それは一番難しいことですが、だからこそ一番やりがいのあることです。

カントの思想を知りたいのなら、私の著作をはじめ安直な解説書は掃いて捨てるほど出ていますから、そんなのは寝転がって数時間かければ読めます。しかし、それは「哲学すること」とは何の関係もない。とはいえ、この機会にあえて言っておきますが、単に自分で思考することだけでは、哲学することはできない。やはり、まさに、いま実行しているように、――ある専門家の指導のもとに――優れた哲学書を読みつつ思考し、思考しつつ読まねばならないのです。

というわけで、こうした一見無駄に見える労力は、あちらでもこちらでも安直な科学主義的・合理主義的「わかりやすさ」ばかり繁茂している現今、長い目で見ると、生きるうえで何らかのヒントを与えてくれる――かもしれない――と思います。

対話7

課題としたこの箇所については、とても答えにくかったことでしょう。

まず、翻訳について言うと、最後の「最も問題となる」がよくない。ドイツ語は“auf den… am meisten ankommmt”ですから、「最も重要である」という意味ですが、この訳語では「最も疑問である」ととられかねないからです。

カントが、判明性は部分的には奨励できるけれど、全体的には奨励できない、と言いたいことはわかる。しかし、その理由はそれほどよくわからない。この部分を課題にしたのは、ここをいかに、それこそ明晰判明に説明できるかを見たかったからです。カントは「明晰性」を「明るさ」になぞらえて説明している。「ある構造をよく見ようとして、それに余りに強い光を当てると、かえってその構造の分節が見えなくなる」ということでしょう。そんな強い光は逆効果なのであって、ほどほどの光のほうが構造に陰影を与え、その分節をよく見せてくれる。

この場合、解釈のポイントは、この光の比喩が、書物の判明性とどう結びついているかを明確にすることですが、これはそれほど簡単な作業ではない。

カントはこの書の三四頁で、「判明性」を「概念による論弁的（論理的）判明性」と「直観による、言いかえれば実例ないしはその他の具体的な解明による直覚的（感性的）判明性」とに分けている。そしてカントは、本書は通俗性を第一の目的にしないゆえに、自分は前者をやり遂げたが、後者は意図的に避けたと言っている。

まず注意しなければならないのは、カントがここで論議している「判明性」とは、デカルトの明晰かつ判明という意味より、むしろ「通俗性」や「平易化」という言葉と置きかえられるということ。そして、「判明性」、とくに「直覚的判明性」は、部分の理解のための「補助手段」であっても、「全体の概観」、すなわち「分節や構造」の連関による「その体系の統一と有能さを判断しうる」ための「補助手段」にはなりえないのです。

このことをふたたび光の比喩で言い直すと、あまりにも明るい光は、「分節や構造」を「塗りつぶし」、すなわち部分と部分とのあいだの溝を浮き立たせるような影をつけることができず、そのことによって「全体の概観」をとらえそこなう。よって、『純粋理性批判』においては、とくに「全体の概観」を捉えてもらいたいゆえに、部分と部分とのあいだの影を塗りつぶさないほどの適度の照明（判明性）を与えるべきなのです。

確かに、強烈な光は部分を照らしてくれる。同じように「直観的判明性」をもつ「実例ないしはその他の具体的な解明」は部分を明らかにしてくれる。しかし、それは、部分と部分とのあいだの連関を解明してはくれず、その限り、さまざまな連関からなる全体の体系を解明してはくれないのです。

課題についてはこのくらいにしましょう。

第四章　カントを読むということ

1　読者が筆者に協力すること

次は、この書の三六頁の中ごろから始まる段落からです。基本的に「判明性」の続きなのですが、視点が大分変わってくる。

> 私の考えでは、読者と著者とが力をあわせるということは、或る大きな重要な事業を、ここに示された計画にしたがって完全に、しかも永続的に成就する見通しを読者がもつときには、読者にとって少なからぬ誘惑として役立つことができると思う。（三六頁）

まず問題は、この部分を「読者と筆者とが力をあわせる」ことによって、批判という「大事業」は完成させるというふうに単純に読んでいいのか、ということです。問いを変えると、カントという著者の「力A」がまず発揮されたのだから、それに読者の「力B」が加わって、はじめて批判という大事業は成立するのでしょうか？

そうではないはずです。これまでの叙述からすると、すでにカントは「完璧性」「詳細性」と並んで「確実性」にまで至っているのですから、これらは読者の「力」を必要とするまでもなく、すでに確立されているはずでしょう。理性主義者カントは、『純粋理性批判』の内容に関して、読者との「意見の一致」によってその正しさが決まることなど考えたこともないはずです。

ここで、参考までに、最も信頼のおけるものとして、先に挙げた高峰一愚訳（世界の大思想第一〇巻、河出書房、一九六五年）を紹介しておきましょう。

思うに、もし読者がここに示された計画にしたがって、一つの大きな、かつ重要な仕事を、十分に、また永続的に完遂する見通しをもたれるならば、それは読者をして著者と協力しようとする興味をおこさせるのに、少なからず役立つことができよう。

（高峰一愚訳、二三頁）

カントが考えているのは、読者が著者に協力するという一方向だけなのです。ということは、この協力も、少なからぬ場合、期待できないということが、カントの念頭にあったことを逆に示している。そして、ここで先にカントがさんざん気にしていた本書『純粋理性批判』における「直覚的判明性」や「通俗性」の欠如という問題に繋がってきます。本書において、私は意図的に第一に通俗性を求めなかったがゆえに、読者が――ある程度の難解さに耐えて――私（カント）に協力してくれなければ読めないようになっている、よってぜひ協力をお願いしたい、というわけです。

さて、本質的なことですが、この翻訳（原佑訳、平凡社ライブラリー、二〇〇五年）は誤訳に近いところがたくさんあるにもかかわらず、なぜ私はこれを翻訳に指定したのか？　まず、実際的問題として（価格を含めて）比較的手に入りやすいものは、この平凡社ライブラリー版と岩波文庫版しかなく、この二者のうちでは前者のほうが断然いいからです。こうした実際面を考えなければ、最も優れたものは、いま挙げた高峰訳であり、その次に熊野純彦訳（作品社、二〇一二年）、それになかなか手に入らないのですが宇都宮芳明訳（上下、以文社、二〇〇四年）。そのほか、やや問題を含むのが有福考岳訳（岩波カント全集四、五巻、五巻は久呉高之共訳）に、とくに『純粋理性批判』のような奇怪なほど難解な書物は、はじめから完全な訳をそれほど期待せず、そのつど誤訳を見つけながら読んでいくのも、「楽しみ？」ではあります。長く読んでいると、（明らかな）誤解は、だんだん解消していきますが、微妙な誤訳になりますと、最終的に「正しい」訳かどうかの判定は読者ひとりひとりの解釈にかかってくるとさえ言っていいでしょう。

次は、三六頁（原佑訳、平凡社ライブラリー）の後ろから七行目からです。

ところで形而上学は、私たちがここでこの学について与えるであろう諸概念にしたがえば、すべての学のうちで、そうした完結を、しかも短期間のうちでの完結を、わずかにすぎないが一致した努力をもってすれば、期待してさしつかえない唯一の学であって、そのため後世の人々には、教授上の手法においてすべてのものを彼らの意図にしたがって整頓すること以外には、何ひとつとして残されてはおらず、このゆえにその内容をいささかも増大させずにすむのである。

（三六頁）

これで、一文ですが、さらっと読むとわかるような気がするのですが、いくつかの落とし穴がある。まず、なぜ「形而上学」が「短期間のうちでの完結を、わずかにすぎないが一致した努力をもってすれば、期待してさしつかえない唯一の学」であるのか？

ここで想い起こしてもらいたいのは、この『純粋理性批判』は、やがてカント自身が書く「形而上学」のための「方法」の書だということ。この時点では、後の『実践理性批判』（一七八八年）も『判断力批判』（一七九〇年）も書く予定はなく、これを書き終えたから、あとは「形而上学」の「短期間のうちでの完結」が望めるはずであったのです。

また、「一致した努力をもってすれば」とは、すでに確認したように、読者との「一致した努力」ではなく、読者が私に一致した努力をしてくれれば、すなわち「妨げなければ」完結するということですが、これは——カントの危惧通り——見事に裏切られ、『純粋理性批判』出版後にこれを完全に否定する者もありましたが、もっと困ったことに、これを「修正」しようとする意見が続出しました。

こうした風潮にカントは次第にかたくなになり、まさにケーニヒスベルクまでカントに会いにきたフィヒテに対して、その処女出版（『あらゆる啓示の概念の演繹』）を支援するのですが、その後の書簡のやりとりを通して二人の関係に暗雲が立ちこめ、最終的にカントは、一七九一年にフィヒテに宛てた「声明」を公表します。それは個人攻撃も含んだ激越なものですが、その最後を次のように締めくくっている。

批判哲学の前には、どのような意見の変化も、どのような修正も、あるいはまた違った形をもつ体系をも存在せず、むしろ批判の体系は完全に確立された基礎の上に立っているので、永遠に堅固であり、また将来もずっと人類の最高目的に欠きえないものである。

（「声明」尾渡達雄訳、カント全集第一六巻、理想社、一九六六年、二五二—二五三頁）

どうでしょうか？　あらゆる独断論者も顔負けであるほど独断的ですね。読者と手に手を取り合って、批判および形而上学の完成を望むなど、カントの頭の片隅にもなかったと考えていいでしょう。次に、「教授上の手法においてすべてのものを彼らの意図にしたがって整頓すること以外には、何ひとつとして残されてはおらず」（この書、一二九頁）とは、この三年後に刊行された『プロレゴメナ』のこと。

2　理性の財産目録

なぜなら、それは、純粋理性によってえられた私たちのすべての財産の、体系的に整理された財産目録にほかならないからである。ここには私たちが見落としているものは何ひとつとしてありえない。というのは、理性が全面的におのれ自身から産みだすものは、このものの共通の原理さえ発見されてしまうやいなや、隠されていることはできず、おのずから理性によって明るみにもたらされるからである。（この書、三六―三七頁）

認識能力の「能力」のドイツ語は“Vermögen”であって、これは「財産」という意味ももっている。理性の諸能力とは、きちんと「体系的に整理された財産目録」なのです。「ここには私たちが見落としているものは何ひとつとしてありえない」ということは、先に論じた「詳細性」に通底します。それは言いかえれば、「このものの共通の原理さえ発見されてしまうやいなや、隠されていることはできず」、そして、他のもの——神や議論や実験——によってではなく、「おのずから理性によって明るみにもたらされる」という信念です。ここで、「このものの共通の原理」をどう発見するのか、という疑問が残りますが、それはまさに理性信仰であって、幾何学やニュートン力学のように、少数の命題ないし方程式からすべてが導けるという信仰が基礎にあるのでしょう。しかし、次の文章は、このままでは意味がわからない。

この種の認識の完全な統一、しかもまったく純粋な諸概念にもとづくその完全な統一は、経験のいくらかが、あるいは、一定の経験へと導くかもしれない特殊な直観だけでも、この種の認識を拡張し増大する影響を多少ともそれへとおよぼしうることなしに、こうした無条件の完璧さを可能的たらしめるのみならず、必然的たらしめる。

（三七頁）

この翻訳においては、「経験のいくらかが、あるいは、一定の経験へと導くかもしれな特殊な直観だけでも、この種の認識を拡張し増大する影響を多少ともそれへとおよぼしうることなしに」という部分がいけない。「……なしに」ではなく、「……がない統一」なのです。あえて重複をいとわず書き直してみます。

……その完全な統一は、経験のいくらかが、あるいは一定の経験へと導くかもしれない特殊な諸概念だけでも、この種の認識を拡張し増大する影響を多少ともそれへとおよぼしうることがない統一なのだが、その統一は、こうした無条件の完璧さを可能的たらしめるのみならず、必然的たらしめる。

わかるじゃないですか？　純粋理性認識の完全な統一は、経験的概念がそれに一切影響を及ぼしえない統一だ、ということです。このあとに、またカント特有の喩えがきます。

住みついてみよ。そうすれば君の家財がどんなに簡素であるかがわかるであろう、ペルシウス。

これだけなのですが、このラテン語の訳はいろいろ分かれていて、最初の“Tecum”（英語にすると単に“With you”なのですが）をどうとるかが微妙に違っている。参考までに、他の翻訳も挙げてみましょう。

汝だけで住んでみよ。しからばどんなにか家財が簡単にすむかがわかるであろう。

（高峰一愚訳、二二二頁）

君自身の住まいの中を見まわせ。そうすれば君の財産目録がどれほど簡単かを知るだろう。

（宇都宮芳明訳、一四頁）

問題は、理性の財産目録を整頓すれば、どこに何があるか一目瞭然だということでしょうが、それに微妙に何かが付け加わる。ここに対応するのは、すでに見たように、「これらのものの詳細な知識を私は私の周囲の遠くに求める必要はない。というのは、そうした知識を私自身のうちに見いだし……」（原佑訳、三一頁）という箇所でしょう。

すると、自分の家をよく見ないで他所にばかり目を向けるな、という意味がまず浮かび上がり、この点を強調したのが宇都宮訳です。われわれが使っている原訳もこれに近いけれど、高峰訳は違う感じがする。次に「簡素」や「簡単」という語の意味ですが、「家財が簡素（簡単）にすむ」のではなく、「家財の把握が簡単である」という意味でしょうから、宇都宮訳がカントの真意に近いのではないか、と思います。

3 批判と自然の形而上学

このあと、テーマは変わって「批判」と「形而上学」との関係に移る。

> 純粋（思弁的）理性のそうした体系を私は、自然の形而上学という標題のもとでみずから提供したいとのぞんでいるが、それは、この批判とくらべれば、その広汎さは半分にもならないにもかかわらず、その内容は比較にならないほど豊富となるはずであって、この批判は、まずもって、そうした形而上学の可能性の源泉と条件を明示しなければならず、だからまったく雑草におおわれた土地を清掃し平坦にせざるをえなかったのである。（原佑訳、三七頁）

まず、「形而上学」とは何かということですが、もちろんアリストテレスの「形而上学（Meta-physica）」に由来することは確かです。アリストテレスにとって、形而上学とは「一般形而上学

(Metapysica generaris) ＝存在論（Ontologia）」と「特殊形而上学」である「神学（Theologia）」「宇宙論（Cosmologia）」「魂論（Psychologia）」に区分されていましたが、カントはこれを踏襲したのではない。カントにとって「形而上学」とは、右の引用にあるように「自然の形而上学」と、なぜかそこにない「人倫（道徳）の形而上学」なのですが、カントがここで「自然の形而上学」だけに言及していることは――というのも、この時点ではまだ『実践理性批判』を書く予定はなかったので――、不思議と言うほかはない。

『純粋理性批判』とは、まさに「形而上学の可能性の源泉と条件を明示」するものなのですが、カントはすぐに右の二つの形而上学に取りかかるつもりでした。しかし、『純粋理性批判』がさまざまな思いがけない誤解にさらされて、六年後の第二版（一七八七年）を書くことを余儀なくされ、そのとき、「自由」に関する部分が膨らんだので、それを切り離して『実践理性批判』として刊行しました。その後、『判断力批判』『宗教論』と、むしろ「外部」の声に合わせて書き進み、やっと『純粋理性批判』から一六年経った一七九七年に『人倫の形而上学』を刊行し、最後まで『自然の形而上学』は完成しなかった、という次第です。

しかし、これと並んで初めの計画にそった刊行物もあって、『純粋理性批判』の四年後（一七八五年）には『自然科学の形而上学的原理』を、そして翌年（一七八六年）には『人倫の形而上学への基礎づけ』を刊行している（「形而上学的原理」と「基礎づけ」とはどう違うかについても議論されていますが、ここでは割愛します）。すなわち、『純粋理性批判』を書き終えた直後に、二つの形而上学への「助走」は予定通り開始していたのです。

では、『自然科学の形而上学的原理』とは何であって、それは『純粋理性批判』といかなる関係にあるのか？　正確に語るには数頁を要し、それがいま必要とも思いませんので、要点だけを語ると、意外に思われるでしょうが、前者は「質料（物質）」を取り込んでいるが後者はそうではない、という違いに行き着く。つまり、『自然科学の形而上学的原理』の内容は、『純粋理性批判』の「超越論的原則論」にそっているのですが、これとの違いは、物質を取り込んで議論していることなのです。

これはきわめて重要なことで、カントは晩年になって、『自然科学の形而上学的原理から物理学への移行』という大著を計画していましたが、未完に留まり、その膨大な草稿が『オプス・ポストゥム〔遺稿集〕』として残されています。つまり、カントは形式に重点を置いた「批判」から、次第に質料（物質）のほうに踏み込んでいく。まさに質料（物質）こそ「存在」を形成するものであって、神にその根拠を求めなければ、これをどう考えるのかが——これが「存在論」です——大きな問題となる、こうした問題に立ち向かうのが「自然の形而上学」なのです。

次の文書は、あえて区切らずに掲げてみましょう。

この批判においては私は私の読者に裁判官の忍耐と公平を期待するが、しかしあの自然の形而上学においては協力者の好意と援助とを期待する。なぜなら、たとえあの自然の形而上学という体系のためのすべての諸原理がこの批判において完璧に論述されているにせよ、この体系自身を手落ちなく遂行するためには、人がア・プリオリに見積もることができず、むしろ徐々に探しだされなければならないところの、いかなる派生的な概念もこの体系には欠けていないということが、やはりなお必要であるからであり、同様に、あの批判においては諸概念の全綜合が挙げつくされたのであるから、この体系においては、まさに同じことが分析に関してもおこなわれるということも、さらにそのうえ要求されるからであるが、これらすべてのことは容易であり、仕事というよりむしろ楽しみである。

（三七―三八頁）

少し長いのですが、内容はそれほど難しくはない。この部分を第一版の「序文」の最後の「課題」にしましょう。ただし、ここでは全文を解説するのではなく、最後の部分だけ、すなわちなぜ、先に見たように、「自然の形而上学」は「この批判とくらべれば、その広汎さは半分にもならないにもかかわらず、その内容は比較にならないほど豊富となるはず」であるのに、これらすべてのことは容易であり、仕事というよりむしろ楽しみである」と言えるのかに限って、解釈してもらいたいのですが。ヒントとして、右の「私は私の読者に裁判官の忍耐と公平を期待するが、しかしあの自然の形而上学において協力者の好意と援助とを期待する」という部分にも関係します。

第一版の「序文」は、このあと八行ほど続きますが、そこは事務的な内容なので、解説は省略しましょう。これで、第一版の「標語」「献辞」「序文」を終えます。

対話8

課題は、この長い箇所の骨格を成す部分、すなわち、カントはなぜ「批判」においては、読者に「裁判官の忍耐と公平を期待」するのに、「形而上学」においては「協力者の好意と援助とを期待する」のか、そして、形而上学においては「すべてのことは容易であり、仕事というよりむしろ楽しみである」と言えるのか、これがはっきりとわかるように解釈するということです。

これは、すなわち、「批判」と「形而上学」との関係を問うものですが、それについては前におおよそ語りました。たしかに、カントにとっての第一目的は形而上学を完成させることであり、そのための方法が「批判」なのですが、こうして一一年もかけて「批判」を書き上げてみると、その思いのほかの困難さに感慨もひとしおだったことでしょう。

カントは「批判」を読む読者に、なぜ「忍耐と公平を期待する」のか？　これはすでにかなり詳細に検討しましたが、カントは『純粋理性批判』においては、通俗性を犠牲にしたために、読者には判断力を研ぎ澄まして理解するように努力してもらいたいと、これがまず第一の意味でしょう。

しかし、第二の意味もあるように思います。それは、まさに「二律背反」のところであり、読者には独断論と懐疑論に対して、どちらかに加担することなく、争点をきちんと洞察して調停する、「理性の裁判官」になってもらいたいということでしょう。この両方を満足させるには、たしかに読者は相当の「忍耐と公平」をもたねばなりません。

では、一転して形而上学には、なぜそれよりも「協力者の好意と援助とを期待する」のか？　これは、「批判」に対する読者への期待の、とくに第二の点を想い起こせばわかってくる。すなわち「形而上学」はすでに「批判」を経ているのですから、もう独断論も懐疑論も支配することはなく、完全に絶滅したのであって、あとは「批判」というカントの提示した方法に則って唯一の正しい形而上学を築くことしか残っていない。とすれば、この段階では誰も（いかなる読者も）意見を同じくするはずであって、カントに対して「協力者の好意と援助と」を表明するしかありえないはずである。よって、「これらすべてのことは容易であり、仕事というよりむしろ楽しみである」と言えるわけです。

まさに理性主義（理性信仰）の有するオプティミズムが、高らかにファンファーレを鳴らしている感じです。そして、何度も言いますが、このオプティミズムが大方の現代日本人にはお伽噺のように思われてしまう。まったくの「ぬか喜び」のように思われてしまうのです。

4　第一版から第二版への書き換え

そして、『純粋理性批判』が刊行されましたが、ほとんどの読者は「裁判官の忍耐と公平」をもって読んでくれませんでした。それどころか、難解であることを非難する声ばかりで、カントがあれほど考えた末に放棄した「通俗性」をみな期待し、さらにはよく読みもしない書評まで出たのです。そこで、カントは激怒して「教授法」に限定した通俗性を提起する書として、二年後に『プロレゴメナ』を書き、その「付録」でガルフェ・ファーダーという（いわゆる）通俗哲学者の書評に答えた、という次第です。こうした「仕打ち」に怒り心頭に発し、カントは六年の歳月をかけて『純粋理性批判』の改定第二版を書き上げます。

これから読むのがその第二版の「序文」ですが、第二版は別の書物かと思われるほど第一版とは異なっている。しかし、大幅に書きかえられたのは、「感性論」と「分析論」のうちの「演繹論」、さらには「弁証論」のうちの「誤謬推理」であって、そのほかはほとんど書きかえられていない。その違いを箇条書きにすると、次のように言えるのではないでしょうか？

① 科学の基礎論的色彩が強くなってくること。
② 超越論的統覚の比重が重くなり、これに応じて悟性の比重が重くなる。すなわち、直観に与えられるものより、世界を能動的に構成する悟性の作用が強調されること。
③ 自己意識に関する箇所がすべて書きかえられたこと。
④ 内的経験より外的経験のほうが優位に立つこと。

このうち、最後の④が最も重要であって、「原則論」の中に「観念論論駁」という一節を挿入して、自分の超越論的観念論がデカルトやバークレィの経験的観念論ではないことを論証している。第二版の「序文」で、カント自身、「真の意味の増補はここだけだ」とはっきり言っています。やがてその部分に至りますので、そのとき細かく見てみましょう。

じつは、第一版は長らく忘れられていたのですが、(有名哲学者の中では)ショーペンハウアーが発見して、第二版とのあまりの違いに驚き、それに基づいて書いたものが『意志と表象としての世界』です。その後、一九世紀末に新カント派が勃興しますが、これはすべて第二版に基づいている。その後、第一版を積極的に評価したのがハイデガーであり、第一版に基づいて彼の『カントと形而上学の問題』が生まれてきます。

以上は、ごくごく粗っぽい筋書きだけですが、とにかく興味深いのは、あれほどかたくなに自らの正しさに固執していたカントが、六年もの年月をかけてそれを書きなおさざるをえなかった、という事実です。

5 形而上学の確実な歩み

では、早速（やっと？）第二版の「序文」に入ります。

理性の業務に属する認識の取り扱いがはたして学の確実な歩みをたどっているかどうか、このことはその成果からただちに判定される。（三九頁）

この文章自体は、このとおりで解説の必要はないでしょう。ここに言われている「学」とは「形而上学」のことです。しかし、これに続く長い文章はことさらわかりにくい。

この取り扱いが、多くの準備や用意をなしおえたのち、いよいよ目的に達しようとするやいなや行き詰まりにおちいるときには、あるいは、この目的を達成するために、しばしばふたたび逆もどりして、別の道をたどらざるをえないときには、また同様に、さまざまの協力者を、共通の意図を追求すべき仕方において一致せしめることが不可能であるときには、人は、そのような研究は学の確実な歩みをたどっていることからはなおはるかに遠く、たんに一つの模索にすぎないとつねに確信してよいし、だから、こうした確実な道をひょっとして発見することができれば、それは、軽々しく以前採用された目的のうちに含まれていた少なからぬものが、たとえ無用のものとして廃棄されざるをえないにせよ、必ずや理性に対する功績というものである。（三九頁）

カントは三つの場合を挙げて、そのときには「そのような研究は学の確実な歩みをたどっていることからはなおはるかに遠く、たんに一つの模索にすぎない」と言っている。そして、その三つの場合とは、①「いよいよ目的に達しようとするやいなや行き詰まりにおちいるとき」、②「しばしばふたたび逆もどりして、別の道をたどらざるをえないとき」、③「さまざまの協力者を、共通の意図を追求すべき仕方において一致せしめることが不可能であるとき」ですから、字面の意味はわかると思います。

ここで、この三つの場合が具体的に何を意味しているのかを解明するのは大変ですが――これまでこの講義を受講してきた人は、本書『純粋理性批判』解読の一つのネックが、カントが抽象的に書いていることの真意がわからないことだ、ということに気づいているでしょう――、すべて「批判」においては解決しているという観点から見直すと、カントの脳裏にあるのは（懐疑論者ではなく）独断論者であることは確かです。

そして、カントにとっては、近年のイギリス経験論を除いて、すべてが独断論だったのですから、またカントがこうした議論において古代や中世を問題にしていないことも確かですから、デカルト以後、カント直前（あるいは同時代人）のヴォルフ学派の哲学者たちを意味していることも確かです。①も②も、デカルトとみなしてもいい気がするほどです。③は共同研究の欠如ではなく、独断論という私見がばらばらなままで無政府状態にあることでしょうし、カントによれば、カントの直前まではまさにそうだったのです。

カントは前批判期に、直前から同時代人のクリスティアン・ヴォルフやクリスティアン・クルージウスやG・F・マイヤーなどを批判する論文を書いていますが、いつもそのうちの「誰か」は、それほどはっきりしない。これは第二版ですから、先に触れた、第一版についてのひどい書評を書いたガルフェ、フェーダーらの通俗哲学者も入るかもしれない。こうしたことを詮索するのは、カント学者の仕事であり、それぞれ一家言をもって議論していますが、私は判断する確定的資料をもっていないし、その詮索は本筋とは逸れますので、いまはこれ以上、立ち入ることは控えることにしましょう。

これで文章は終わっていない。後半の「こうした確実な道をひょっとして発見することができれば、それは……必ずや理性に対する功績というものである」という文の骨格はいいのですが、いま省略した「……」のところが、よくわからないかもしれない。

つまり、「軽々しく以前採用された目的のうちに含まれていた少なからぬものが、たとえ無用のものとして廃棄されざるをえないにせよ」という認容文です。こう書いて、いま思いついたのですが、ここを「課題」にしましょう。この部分は、これまでの知識（第一版の「序文」）だけからでも、かなり正確に読み解けます。ここで、この硬い翻訳に躓くかもしれないので、よりこなれた宇都宮芳明訳を挙げておきます。

> たとえそのために、熟考しないまま以前から受け入れていた目的のうちに含まれていた多くのものが、無用であるとして放棄されなければならないとしても、そうである。
>
> （宇都宮芳明訳、一八頁）

6　論理学の確実な歩み

このあとの文章はかなり有名ですが、ちょっと首を傾げたくなるところでもあります。

論理学がこの確実な歩みをすでに最古の時代からたどってきているということは、論理学がアリストテレス以来一歩も後退する必要のなかったことから見てとれることであって、これは、人が論理学からいくつかの無くてもすむ綿密さを除去しようとしたり、あるいは論述されたことをもっと判然と規定することを改善とみなそうとしたりしないときのことであが、しかしこうしたことは、この学の確実性に必要であるよりは、むしろこの学を優雅にするのに必要なことである。

（三九―四〇頁）

まず、首を傾げたくなるのは、「論理学がアリストテレス以来一歩も後退する必要のなかった」という表現です。「後退する必要のなかった」とは何か？　ドイツ語は“keinen Schritt rückwärtz hat tun dürfen”であって、「いかなる後退への一歩も歩むことが許されてはいなかった」ということ。高峰訳も宇都宮訳も「必要がなかった」という訳に留まっています。とすると、誤訳ではないので、これは内容から推していくほかない。

それで、読み進んでいくと、「これは、人が論理学からいくつかの無くてもすむ綿密さを除去しようとしたり、あるいは論述されたことをもっと判然と規定することを改善とみなそうとしたりしないときのことであるが」と続いている。どうもカントがここで言っているのは、例えば、アリストテレスの推論式をもっと簡明化しようとする試みのようなものではないか、と思われます。そして、これは「優雅さ（Eleganz）」に属していて「確実性」には属していない、というふうにあとに繋がる。このすべてはよくわかるのですが、はじめに戻って「後退する必要のなかった」という微妙な表現がわからないのです。

無理に読みこめば、三段論法を改良することでより優雅になるという仕方で論理学を変革しようとする傾向も一時あったが、それは論理学の本質をとらえていないという意味で後退であると言える。しかし、幸いなことにアリストテレスの論理学は優雅さの方向にさまよい出るという「後退」に陥ることはなかった。そのつど、すぐにそれがいかに非本質的であるかがわかり、そこから引き返した、というほどの意味でしょうか？

ところでカント自身、若いころ、「三段論法の三つの格について」という論文を書いているので、これを入れるとさらに混乱する。果たして、「優雅さ」批判はこれに対する自己批判なのでしょうか？というわけで、この箇所は、カントがだいたいこういう意味のことを書いているというのは確かなのですが、なぜか釈然としないところが残りますね。

対話9

もう一度課題を掲載します。

こうした確実な道をひょっとして発見することができれば、それは、軽々しく以前採用された目的のうちに含まれていた少なからぬものが、たとえ無用のものとして廃棄されざるをえないにせよ、必ずや理性に対する功績というものである。

まず、カントがここで何を論じているのかを「具体的に」つかむことが大事ですが、それが——とくに初心者には——意外に難しいのかもしれません。それは、「学の確実な道の発見」であり、この場合、「学」とは形而上学です。すなわち、カントは「批判」に基づかないアリストテレスの形而上学を、形而上学として認めない。それは、ただの独断論的仮象の集積なのです。

さて具体的内容ですが、前にも言いましたが、形而上学のテーマは決まっていて、存在論、神学、宇宙論、魂論ですが、これらこそまさに形而上学の「目的」にほかならない。しかし、従来はこれら——とくに神と不滅の魂——を「軽々しく（批判なしに）」採用してしまったのですが、これらが「無用のものとして廃棄されざるをえない」としても、ガラクタなのですから惜しむに足らない。さらに言えば、「理性の批判」に基づいた正しい形而上学を構築するために、むしろ「理性に対する功績」となる、ということ。

さらにカントにそって具体的に言うと、神や不滅の魂の存在を証明することでもなく、否認することでもなく、まさに「理念」として承認することこそ人間的理性の正しい態度なのですから、「理性に対する功徳」となる、ということです。

7 応用論理学

ここでのテキストの検討に入る前に、あらためて、第一版の「序文」の書き出しを、この第二版の「序文」の書き出しと比べてみてください。『純粋理性批判』第一版では、「人間的理性が、拒絶することはできないが、しかし解答することもできないいくつかの問いによって悩まされている」（二五頁）

と書かれていたのですが、この第二版では、「学の確実な歩み」について、具体的には論理学、数学、物理学について語られている。第一版では「経験を超えるもの」に対する人間的理性のあり方が、第二版では「経験のうち」における学の成立がテーマとなっているわけで、視点が完全に転換していることがおわかりでしょう。これが、先に言ったこと、すなわち第二版では科学基礎論的色彩が強くなっているということです。

ここで、次の内容に入ります。論理学に関するもの、四〇頁の五行目からです。

> なお論理学で注目すべきは、論理学が現今にいたるまで一歩も前進することができず、それゆえどう見ても閉鎖的で完結的であるように思われるということである。なぜなら、近代において幾人かが、あるいはさまざまの認識力（構想力や機知）についての心理学的な章を、あるいは認識の起源ないしは客観の差異に応ずるさまざまの種類の確実性（観念論、懐疑論その他）に関する形而上学的な章を、あるいは偏見（その原因と対策）についての人間学的な章を挿入することによって、論理学を拡張しようと考えたが、これは、彼らがこの学に特有な本性に通暁していないことからおこることであるからである。
>
> （四〇頁）

この部分は、この書の一九三―一九五頁に呼応していて、ここでさらに詳しく論じられています。その要点だけを引いてみますと、「一般論理学は純粋論理学であるか、応用論理学であるかのいずれかで」（一九三頁）とあり、後者は「主観の偶然的な諸条件のもとにあるそれら〔諸規則〕を示すもの」（一九五頁）なのです。

現代の論理学理解からすると不思議な感じがするでしょうが、当時は論理学に当然のごとく心理学的なものを含めていた。そして、これは一九世紀まで続き、フッサールが『論理学研究』（一九〇〇年）においても心理主義を批判していることが象徴的でしょう。

考えてみれば、カントも「一般論理学」の中に「応用論理学」を含めていたのであって、ただ「論理学が現今に至るまで一歩も前進することができ」ないという場合は、「純粋論理学」のみを考えていて、――いまではあたりまえですが――これこそが論理学の本質をなすと主張しているのです。

なお、ここにある「心理学的・形而上学的・人間学的」がそれぞれ誰の思想態度を意味するかは、それほどはっきりしませんが〔岩波書店の全集版では有福孝岳さんが画然と分類していますが、そう断定はできないようです〕、河出書房新社版の訳者、高峰一愚さんの言うように、ロックからカント直前のヴォルフ学派――とくにゲオルク・マイヤーは外せない――の面々を広く念頭に置いているのでしょうが、これ以上の考証には立ち入りません。

8　純粋論理学とその限界

次は、ちょっと読みにくいかもしれない。

> 人が諸学の限界を入りまじらせるなら、それは諸学の増大ではなくて、歪曲である。しかし論理学の限界はまったく綿密に規定されているのであって、それは、論理学が、すべての思考（その思考がア・プリオリであろうと経験的であろうと、どのような起源ないしは客観をもとうと、私たちの心のうちで出会う障害が偶然的なものであろうと自然的なものであろうと）の形式的な諸

規則のみを手落ちなく明示し、厳格に証明するにすぎない一つの学問であるということによってである。

（四〇頁）

「諸学の限界」とは「諸学の諸限界」であって、それらが保たれず限界を超えて入り混じるなら、「諸学の〔領域の〕増大ではなくて、〔領域を間違えているのだから〕歪曲である」ことについてはいいでしょう。その後の（　）の中は、どうでしょうか？　まず、混同してならないことは、（純粋）論理学――例えば、矛盾律――はア・プリオリですが、それは経験的思考であろうと、すべての正しい言語活用に適用されているということ。

次に、「私たちの心のうちで出会う障害が偶然的なものであろうと自然的なものであろうと」が何を意味しているかですが、「私たちの心のうちで出会う〔思考の〕障害」が生ずるのは当然で、この次は推論式（三段論法）のことでしょう。私たちは形式的には正しい三段論法を使いながら、思考の障害（妨げ）になるような推論を犯しているのです。

その障害が「偶然的」であるとは、次の「自然的なもの」以外のすべてでしょう。そして、その障害が「自然的なもの（natürlich）」とは、例えば「弁証論」の「神の存在証明」にあるように、形式的には正しい三段論法を使いながら、「神が存在する」という認識論的には無意味な結論を導いてしまうこと。私たちは、まさにこの推理を「自然的に」、すなわちは理性の本性に従って遂行してしまうのです――よって、宇都宮芳明訳で、これを「本性上」と訳している。

このあとは、解説の必要はないと思います。

論理学はこのようにみごとに成功しているが、こうした利点を論理学はおのれが局限されていることにもっぱら負うているのであって、この局限によって論理学は、認識のすべての客観とその区別とを捨象するよう正当化されている。いや、拘束されているのであり、それゆえ論理学においては悟性は、おのれ自身とその形式以外、それ以上何ものともかかわることがない。(四一頁)

別に問題はないと思いますので、次に進みます。

学の確実な道をたどることは、理性がおのれ自身とかかわるのみならず、客観ともかかわらなければならないときは、言うまでもなく理性にとってはるかに困難とならざるをえなかった。だから論理学もまた予備学として諸学のいわば玄関をなすにすぎず、知識が問題であるときには、人はなるほど論理学をその知識を判定するために前提しはするが、知識の獲得は本来的に客観的に学の名に値するもののうちで求めなければならないのである。(四一頁)

「客観」とは、形式ではないもの、すなわち内容であって、——ここでカントは神や魂についての学を考えていないので——可能なる経験〔時間、空間〕のうちにある客観的対象であり、それは数学的対象(図形や数)と物理学的対象(物体)とに分かれる。その場合、論理学、例えば矛盾律はそうした対象にも妥当するはずであって、「人はなるほど論理学をその知識を判定するために前提」するわけです。しかし、論理学からは新しい知識は獲得できず、「知識の獲得は本来的に客観的に学の名に値するもの〔数学や物理学〕のうちで求めなければならない」。別に難しい議論ではないと思います。

なお、用語ですが、「玄関」と訳されたドイツ語は"Vorhof"であって、「前庭」のほうがいい。「玄関」というと、どうしても日本の一般住宅の玄関を考えてしまいますが、それはドイツにはなく、主要建物の入口の前に広がる空間というほどの意味です。それにここでカントは"Kenntnis"という言葉を使い、訳者はこれを「知識」と訳していますが、とくに詮索しなければ「認識（Erkenntnis）」と同義と考えていいでしょう。

9　理論的認識と実践的認識

この次、話が拡散していきます。

ところで、これらの学のうちには理性が含まれているべきであるかぎり、そこでは何ものかがア・プリオリに認識されていなければならないが、だから理性の認識は二様の仕方でその対象と連関づけられうるのであって、この二様の仕方は、対象とその概念（これは他所から与えられなければならない）とをたんに規定するか、あるいは対象をも現実たらしめるかのいずれかである。前者は理性の理論的認識であり、後者は理性の実践的認識である。（四一頁）

まず「理性」と「悟性」との関係はなかなかややこしくて一概に言えませんが、普通は、理性に広義と狭義があり、広義ではまさに『純粋理性批判』のように、——感性は一応排除しますが——悟性も含み、構想力も含む人間の思考能力一般を意味する。しかし、狭義では、このうち認識に関する部分を悟性に譲り渡した残り、すなわち神や自由や魂などの理念に関わる能力、あるいは自由の場合は積極的に実践（道徳）に関わる能力です。

　でも、ここは少し違いますね。ア・プリオリな認識に関わるから、「理性が含まれている」というわけですが、悟性もそうであるはずで――まさにカテゴリーは悟性の中に見いだされた！――、おかしいのですが、すぐあとで、「実践的認識」も含まれているので、これも含むと言いたいから理性なのでしょうか。

　次に、思わず立ち止まってしまうのが、「対象とその概念（これは他所から与えられなければならない）」という箇所でしょう。「他所」とは理性ではなくて、他所ということでしょうが、右の文脈ではア・プリオリではなくて、他所という意味のようです。認識の場合に限定して言うと、すべての認識の対象は経験のうちに「ある」のですが、カテゴリーはそれがとにかく延長していること（量）、度を有すること（質）、そして因果律に従っていること（関係）を保証するに過ぎない。個々の対象の具体的な延長や度や因果関係は、思考（理性）ではなくて、観察によらなければわからないのです。

　さらに言いますと、経験的概念はすべてカテゴリーからは導かれない。量のカテゴリーから宇宙の広さは導かれず、質のカテゴリーから金が重いことも導かれず、関係のカテゴリーからニュートンの運動方程式は導かれません。いや、太陽や地球やリンゴや人間など、ありとあらゆる経験的概念そのものが導かれないのです。これら理性とは「他所」から与えられるのですが、「どこからか」がわからない。物自体の「うち」に経験的概念が詰まっているわけではないし、私たちの言語の「うち」に内在しているわけでもない。カントにおいては、経験的概念の起源はまったくの謎なのです。

「たんに規定するか、あるいは対象をも現実たらしめるか」はいいでしょうか？　これはカントを読みこんでいないとわからないと思いますが、理論的認識――その代表例としての数学的・物理学的認識――は、いま言ったように、「対象と（他所から与えられた）その概念」とを「規定する」、すなわちカテゴリーのもとに秩序づけるだけなのです。

しかし、実践的（道徳的）認識はその対象と概念とを「現実たらしめる」、すなわち無から創り出すのです。いいでしょうか？　ここでカントは自由な行為のことを考えていて、私たち人間は神ではないから何ものも創造できないようにみえますが、そうではなく、ただ一つ自由な行為を創造（実現）できるのです。この場合、「殺す」とか「助ける」とか「嘘をつく」という概念は、やはり「他所」から与えられるとは思いますが。

さて、次に進みますが、突然「収支決算」の話がでてきて、面食らいます。

> これら両認識については、その内容の多少にかかわらず、純粋な部分が、すなわち、理性がそこでは全面的にア・プリオリにその客観を規定する部分が、まえもってそれだけで論述されなければならず、だから、別の源泉に由来する部分がそれと混淆されてはならない。なぜなら、収入を見境もなく支出し、あとになって経済が行き詰まったとき、収入のどの部分が支出をささえうるか、またどのような収入について支出を節減しなければならないかを区別しえないなら、それは不手際な経済であるからである。　（四一―四二頁）

はじめの文章はいいですね。骨組みだけを抜書きすると、「これら両認識については……純粋な部分が、……まえもってそれだけで論述されなければならず、だから、別の源泉に由来する部分（経験的部分）がそれと混淆されてはならない」のです。まさに、右に言ったように、純粋な部分はカテゴリー（理性）に由来するのに対して、経験的部分は、そうではないから、この両者を混同してはならないということ。

さて、このあとが「収支決算」です。これを「課題」にしましょう。というのも、これまで、提出された課題への回答をいろいろ見てきましたが、きわめて少数の人はすんなりカント城の本丸を突破することができるのですが、ほとんどの人はその周りをぐるぐる回るだけで、一向にカント城の本丸に近づかない。その違いは何かをずっと考えてきたのですが、どうもこれから攻略する堅固な城のように、その構造、その弱点、その強さをよく研究して、「ここからこう」攻めても、決して落とせないが、「あそこからああ」攻めれば、思わぬ弱み（わかりやすさ）があって、そこを突くと城は崩れる……ということを読めるか否かにかかっているように思われます。

というわけで、この「収支決算」をなるべく具体的に「認識の純粋な部分と経験的部分との分別」の話につなげて、解釈してみてください。どうも、こういう例示がなければ、どんなによいことかと思いますが、これこそカントの頭の構造を知ったうえでカント城に「近づく」、一つの隠された道なのかもしれません。

対話10

なぜなら、収入を見境もなく支出し、あとになって経済が行き詰まったとき、収入のどの部分が支出をささえうるか、またどのような収入について支出を節減しなければならないかを区別しえないなら、それは不手際な経済であるからである。

課題としたこの文章は、どうでもいい箇所のように見えますが、私のように「こだわり」の強い人間は、こういうところにこそこだわる。こんなに卑近な「直覚的判明性」をもってこなければ、もっと判明であるはずなのに(!)、と叫びたくなりますが、それはともかく、われわれの知識の源泉がア・プリオリであるか、ア・ポステリオリ(経験的)であるかが大切であって、そうでないと、知識を「使い果たした」(?)ときに、どちらの源泉から補充するかがわからない、とカントは言っているのです。

これにつけて想い起こされるのは、カントは銀行に預金もしていて、少々の財テク(?)もしていたらしいのですが、月々入用なカネをその「源泉」ごとにまとめて、机の引き出しにA、B、Cと分けて入れていた。ある月末に思わぬ支出が必要になって、下男がカントに引き出しBのカネがなくなったので、引き出しAから工面してもらいたいと訴えたとき——引き出しの鍵はカントが管理していた——カントは断固として首を縦に振らなかった、という逸話もある。いかにもカントらしいですね?

さて、解読に入りますが、この箇所で難しいのは知識の「支出」とは何かということですが、それは知識の使用(需要ないし消費)でしょう。そして「収入」とは、ア・プリオリな源泉(カテゴリー、時間、空間)と実験や観察によるア・ポステリオリ(経験的)な源泉です。ここで、たぶん収入が支出を「支える」とは、正しい源泉に基づいて支出されていることであり、「経済が行き詰まる」とは、収入に見合った支出をしていないこと。すなわち正当な根拠(収入)のない知識（支出）であって、理性にも経験にも基づかない知識まがいを生み出していること。不滅の魂とか——カントが若いころ関心をもった——「視霊」のようなものです。さらに言い添えれば、経験だけに基づいた支出は私見に過ぎず、ア・プリオリなもの（カテゴリー）だけに基づいた支出は独断的形而上学になりかねない。正しい認識（支出）は、ア・プリオリなものと経験的なものとの適正な配分から出てこなければならず、それに無頓着に知識まがいを浪費することは「節減しなければなら」ない、ということです。こう書いてみると、やはり「どうでもいい」と思ってしまうかもしれませんね。

10　主観的演繹と客観的演繹

Fさんから、「主観的演繹」と「客観的演繹」ならびに「論争的仮説」に関する質問を受けました。これは、いずれ——この場が続いていれば——「演繹論」のところで細かく議論しますが、それにしても、カントの理性主義の要ですから、ちょっと踏み込んで説明しましょう。

私は、かなり前にカントは人間中心主義ではなく、理性中心主義だと述べましたが、これはそう言われて直ちにわかるものではない。理性中心主義は、少なくともデカルトから二〇〇年間の重みのある歴史を背負っていて、ほとんど自明になっているゆえに、カントはよく説明してくれないからです。しかも、理性中心主義にとって、理性の能力やはたらき——その及ぶ領域は人間を超えている——はもう決まっていて、それに対する疑いのかけらもない。

先に人間は、理性的存在者の中で、劣った感性的・理性的存在者であると言いましたが、こういうとき、外延的に理性的存在者の集合と考えるとお伽噺になりますが、人間は理性的存在者に共通の理性という能力と人間に固有の感性という能力とが合体したものだと言えば、まあ常識でしょう。しかし、『純粋理性批判』の「感性論」は「時間・空間論」であるに過ぎない。とすると、この感性的・理性的存在者とは、理性を有し、時間・空間把握ができる存在者という意味にすぎなくなる。いや、じつはもっと――現代人から見ると――荒唐無稽であって、感性と言っても、人間固有の時間・空間把握でなくてもいい、いやさらにそもそも時間・空間ではない感性――これは詮索すると、疑問だらけですが――であってもいい……というふうに、どんどん現実の人間から離れていく。

事実、第二版の「演繹論」には次のような箇所があります。

純粋悟性概念はたんなる悟性をつうじて直観一般の諸対象と連関するが、その直観は、私たちの直観であろうと、ないしはなんらかの他の直観であろうと問題ではないものの、なんとしても感性的直観でなければならない。（二九一頁）

カントの著作の中には、こういう思想を仄めかす文章は少なくありません。以上を踏まえて、「主観的演繹」とは人間固有の心的能力を前提した演繹という意味であり、「客観的演繹」とは理性的存在者である限りの人間にとっての演繹だと一応言えます。思い出してもらいたいのですが、この議論はそもそも「客観的」という概念から始まったのであり、そこで私は、「カントは古い人ですから、人間を超えた理性的存在者一般に妥当することを『客観的』と呼び」（本書一一一頁「対話6」）と書いたのですが、この際、「呼ぶことがあり」に訂正します。

これは、とくに道徳法則の客観性に関して成り立ちますが、認識に限ると、「客観的」とは、時間・空間把握能力のある理性的存在者一般に妥当する、という意味に限定されます。ただし、新カント派の一部には、時間・空間把握さえ理性に属するとする者もいるし、ショーペンハウアーは、これを悟性に属させるわけで、解釈はいろいろですが。

では、それがなぜ「客観的」なのかと言うと、概念のうちにとどまらず、客観（対象）を構成するという仕方で客観に関わる――フッサール的に言えば、客観へと超越する――からです。例えば、「三角形の内角の和は一八〇度である」という命題が真であることは、この概念の「そと」に出て、空間の「うち」で作図することによってわかる。その場合、作図された三角形が客観であり、そうした客観の構成が概念と空間、それに――作図する主体である――超越論的統覚があれば、できることを示す。これが「客観的演繹」です。

では、これに対して「主観的演繹」とは何か？　われわれ人間が幼児から言語を学び、空間把握を学び、いかにして先の命題を理解するのか、という人間に具わった固有の心的能力から説明すること。カントが「客観的演繹」を「権利問題」、「主観的演繹」を「事実問題」と呼んでいることが一つのヒントになるでしょう――いまは、説明をカットせざるをえませんが、次の実例からわかってくれることを期待します。

すると「主観的演繹」は、敵の目にはただの事実を並べただけで、「仮説」の域を出ないように映る。そこで「論争的仮説」ですが、「カントは仮説の『論争的使用』を自覚し」と私は前に書きましたが（本書一一三頁）、カントがほんとうに自覚していたかどうかはわからない。しかし、「論争的仮説」の事例としてカントが、ジョゼフ・プリーストリーやデイヴィッド・ヒュームという経験主義者たちの説を挙げていることから、この「主観的演繹」は敵の目にはこれらの経験主義者と並び、「論争的仮説」に映るであろう、と私は解したのですが、案外そうではなく、ただ心的能力の原因がわからないものをもちだして論証しているだけだと敵の目には映り、そのことを「仮説に類似したもの」と呼んだだけなのかもしれません。

11 「最も確実な学」としての幾何学の成立

ここから論理学を離れて、数学と物理学の話に移行します。

数学と物理学とは理性の二つの理論的認識であって、これらの認識はその客観をア・プリオリに規定すべきであるが、数学はまったく純粋に規定し、物理学は少なくとも部分的には純粋に規定するものの、そのときには理性の認識源泉とは別の認識源泉に応じて規定しもするわけである。

（四二頁）

「別の認識源泉」とは、そこに物質が含まれている「経験」である、このことについてはいいでしょう。この予備的文章のあとに数学について論じている。「数学（Mathematik）」と言ってもカントの念頭にあるのは、九〇パーセント、「ユークリッド幾何学（Geometrie）」だけであったことについてもいいでしょう。

数学は、人間的理性の歴史が達しうる最も古い時代から、ギリシア人という驚嘆すべき民族において学の確実な道を歩んできた。しかしながら、理性がおのれ自身とのみかかわる論理学にとってと同様、あの王道を見いだし、あるいはむしろあの王道をみずから開くことが、数学にとっても容易であったと考えてはならない。（四二頁）

幾何学が「王道」、すなわち「最も確実な学問」であることは、プラトンはじめ古代ギリシャ哲学の基本であったこともいいですね。ここからあとは、主にディオゲネス・ラエルティオスからの引用であり、私たちが高校の世界史で習ったヨーロッパ中心主義思想に支えられた歴史物語です。

むしろ私が思うには、長いこと数学は（なかんずくエジプト人のあいだではなおのこと）模索の状態にとどまっていたのであり、だからこの変革は一つの革命に帰せられるべきであって、この革命を成就したのは或るひとりの人が或る試みのうちでえた幸運な着想であったが、その人以来、人がとらざるをえなかった進路はもはや踏み迷いようはなく、したがって学の確実な歩みが永遠に無限の遠くまでたどられ指示されたのである。（四二―四三頁）

古代エジプト人は、たしかに驚くべき正確さでピラミッドを建設したが、所詮そこにあったのは測量術に過ぎず、学としての幾何学は古代ギリシャを待たねばならなかった、というわけです。ちなみに、一六〇〇年もあとに刊行された、『ヨーロッパ学問の危機と超越論的現象学』（一九五四年）においても、フッサールがヨーロッパ中心主義をつゆ疑おうともしなかったことを言い添えておきましょう。

なお、ここでカントが、「この革命を成就したのは或るひとりの人が或る試みのうちでえた幸運な着想であった」と断定しているのは不思議な気がしますが、これは、次のヴァスコ・ダ・ガマと並べて書いているからでしょう。

あの有名な喜望岬を迂回する航路の発見よりもはるかに重要な思考法のこの革命と、この革命を成就した幸運な人との物語は、私たちには伝えられていない。（四三頁）

希望峰を回ってインド洋に出ることとは、「ひとりの人の或る試みのうちでえた幸運な着想」なのですが、さらにカントは、天文学における「ひとりの人」であるコペルニクスや、力学における「ひとりの人」であるニュートンをも射程に入れて書いている気がします。

だが、ディオゲネス・ラエルティィオスが私たちに伝えている伝説は、この新しい道の発見にしるしづけられた最初の足跡によってひきおこされたあの変革を追憶することが、数学者たちには極度に重要と思われたにちがいなく、だからこのことによってその追憶が忘れがたいものとなったということを証明しているが、このディオゲネス・ラエルティィオスは、幾何学的論証の最もささいな要素についても、また、普通の判断にしたがえば全然証明する必要のない要素についても、その発見者と称せられる人の名を挙げているのである。（四三頁）

ヨーロッパ中心主義に目をつぶると、ここまではだいたいいいのですが、このあとが、カント固有の学問論であって、まさにア・プリオリな総合判断（認識）のモデルをなす事例ですから、腰をすえて読まなければなりません。

12　ア・プリオリな綜合判断と三角形の作図

二等辺三角形を論証した最初の人（その人がタレスと呼ばれようと何と呼ばれようと）、その人に一条の光が射しそめたのである。なぜなら、彼が見いだしたのは、彼は、自分がその図形において見たものを、あるいはまたその図形のたんなる概念を探って、いわばそこからその図形の諸固有性を学びとるのではなく、自分が概念にしたがってみずからア・プリオリに思考し入れ、描出した（構成によって）ものをつうじて、それらの諸性質を産み出さなければならないということ、だから彼は、確実に何ものかをア・プリオリに知るためには、彼がおのれの概念に応じてみずからその事象のうちへと置き入れておいたところの、そのものから必然的に帰結するもの以外には、何ものをもその事象に添加してはならないということであるからである。　（四三頁）

まず「論証」と訳された原語は“demonstrieren”であり、「直接示して説明すること」という意味。ここで文章を見直してみると、問題になっているのは二等辺三角形の作図の仕方です。それは、円の任意の二つの異なった半径を二辺とし、その円周上の二点を結ぶ直線を引けば、二等辺三角形が作図できること。これが“demonstrieren”ですが――ピタゴラスの定理の「証明」とは異なり――、すべてはまさに直接に示されるので、「提示」あるいは「図示」（宇都宮芳明訳）と訳したほうがいいでしょう。

さて、こうして誰にでも、二等辺三角形は円を作図すれば、すぐに作図できてしまう。私は、そのさい、そこに作図された図形をあらためて計測したり推理したりして、「その図形の諸固有性を学びとる」必要はない。規則通りに作図すれば、もうそれは疑いなく二等辺三角形なのです。ここに必要なのは、「二等辺三角形」という概念と円を作図すること、そしてその円の円周上の二点間に直線を引くことだけであり、こう作図するだけで、おのずから「二等辺三角形」の諸性質は「産み出」される。

すなわち、この一つの作図が「二等辺三角形の二角は等しい」という判断のみならず、「頂点から底辺に垂直に直線を引くとき、底辺は等分割される」とか、「それによって成立する二つの三角形の面積は等しい」などの諸判断を産み、これらの判断が概念を超えた「空間（純粋直観）」のレベルで真として成立するのです。

以上のことをカントは、「確実に何ものかをア・プリオリに知るためには、彼がおのれの概念に応じてみずからその事象のうちへと置き入れておいたところの、そのものから必然的に帰結するもの以外には、何ものをもその事象に添加してはならない」（四三頁）と表現している。

作図は「純粋直観」としての空間において行われるのですが、そのさい、ノートや鉛筆などの「質料（物質）」によらず、そこには一切の経験的なものは含まれていないので、「みずからその事象のうちへと置き入れておいたところの、そのもの〔すなわち、作図したもの〕から必然的に帰結するもの以外」には何ものも付加しないわけです。意外に思われるかもしれませんが、まさにこれが、カントにおける（「ア・プリオリな綜合判断」における）「ア・プリオリ」という概念の根幹を成す意味なのです。

第五章　コペルニクス的転回

1　自然科学の場合

ここでは、いよいよ、有名な「コペルニクス的転回」の走りと言うべきところに入ります。

> 自然科学に関しては、それが学の大道を見いだすまでは、その進行ははるかに緩慢であった。なぜなら、明敏なヴェルラムのベーコンの提案がこの発見を、半ばは誘発し、すでにこの発見は始まっていたので、半ばはいっそう活気づけたのは、ほんの約一世紀半まえのことであるからであるが、この場合の発見も、数学の場合とまさに同様、思考法の或る急速に生じた革命によって説明されうる。私はここでは、経験的な諸原理を根拠としているかぎりでの自然科学だけを吟味してみようと思う。（四四頁）

まず、カントが「自然科学（Naturwissenschaft）」と言うとき、それは、もっぱら「物理学（Physik）」のこと、さらにはニュートン力学のことだと考えていいのですが、ここで登場してくるように「化学」もわずかに含まれています。ヴェルラムのベーコンは、まさにカントがこの書のエピグラフで採用したものであって、カントにとっては、経験科学の旧来の形而上学からの独立宣言のような意味をもっていた。そして、「いっそう活気づけたのは、ほんの約一世紀半まえのこと」とは無論、ニュートンのことです。

『自然科学の形而上学的原理』は、この書『純粋理性批判』の刊行から五年後（一七八六年）に刊行されましたが、カントがニュートンの『自然科学の数学的原理』刊行のおよそ一〇〇年後という年を自覚していたことは前に述べました。そしてじつは、ニュートンはデカルトをよく研究していて、これもデカルトの『哲学原理』に対抗する書なのです。

「経験的な諸原理を根拠としているかぎりでの自然科学」は、いまでこそ当たり前ですが、ニュートン以前には、いや、じつはニュートンでさえ、その理論は数々の神学的想定に支えられていた。すぐあとに出てきますが、トリチェリによる「真空」の発見が大問題になったのも、神が真空のような無意味なものを創造するわけがないからであって、カントでさえ真空の存在に対しては、最後まで答えを保留しています。

カントの直観形式としての空間が、ニュートンの絶対空間に対するアンチであったことはいいのですが、当のニュートンは空間を「神の器官（sensorium）」とみなしていたのであって、カントはそれを「（感性的・理性的存在者である）人間の器官」へと変更した、とも言えることを忘れてはなりません。

また、当時の哲学界ではニュートンは絶対的権威ではなく、ライプニッツ、バークレィなど名だたる哲学者がニュートンに反対していた。そして、当時は「力」のディメンションですら確定的ではなかったのです。カントの卒業論文は『活力の真の測定に関する考察』（一七四九年）であって、mv（運動量）とmv^2（エネルギー）との調停を試みたものであり、カントの結論は、「死力」においてはmvであり、「活力」においては mv^2 であるという（当時から見ても）間違いだらけのもの。

その後も、じつはカントはニュートンの運動の三法則にも反対していて（その詳細は、拙著『カントの時間論』講談社学術文庫、二〇一六年を参照）、ニュートンが統一的な法則を確立した「ということ」だけを評価し、細部はかなりの修正を施していることを銘記しておいてください。

2　トリチェリとシュタールの実験

カントは、次に大まかな科学史の叙述に入りますが、その書き方はいつもちょっとおかしくて、とくにトリチェリに関する叙述は、数人の「理科」ができそうな人に訊いてやっとわかったものです。

> ガリレイが、彼自身によって選定された重さをもった球をして斜面をころがり落ちさせたとき、あるいはトリチェリが、彼に熟知の水柱の重さと等しいと彼があらかじめ考えておいた重さを空気をして支えさせたとき、あるいはもっと後代になってシュタールが、金属と石灰とから或るものを除いたり加えたりすることによって、金属を石灰に変えたり、またふたたび石灰を金属に変えたりしたとき、すべての自然科学者たちに一条の光が射しそめた。（四四頁）

トリチェリの実験は、普通、（試験管に入れた）水銀柱を逆さにしたときに表面から七六〇ミリメートルのところで水銀柱は「止まり」、（試験管の中の）水銀柱の上に真空ができる、とされますが、これとカントの叙述はどう関係しているのか？

この実験による成果は大気圧の発見であって（真空の発見は副産物）、地上の至るところに作用している（押さえている）大気圧の大きさを具体的に計測したものです。水銀柱の外にある水銀表面を押さえる大気圧の力は、すなわち水銀柱の中にある水銀表面を押さえる力と同じはず（水銀柱の中に盛り上がった水銀は、水銀柱の外の大気圧によって押されて、水銀柱の中にもぐりこんだはず）ですから、水銀柱の中の水銀の（単位表面積あたりの）重さを計れば、それは水銀柱の外の大気圧の（単位表面積あたりの）重さと等しくなる。

「単位面積あたり」ですから、水銀柱の太さには関係がない。つまりカントの「水柱の重さ」というのは正確ではなく、「重さが与える単位表面積あたりの力」と言うべきでしょう。なお、水銀より比重が一〇分の一以下である水で実験してみると、一〇メートル以上になるそうです。

さて、ここでの経験を振り返って、「理科」ができる人と「理科」ができない私との落差を考えたのですが、――これはいかなる知識に関しても言える――あることをほんとうに理解している人は、その「本質」を理解しているから、多少おかしな書き方をしてもそのおかしさも含めて「わかる」。しかし、ほんとうには理解していない人は、少しでも正確でない書き方をしていると、とたんに「わからなくなる」、ということが「わかり」ました。

なお、「後代になってシュタールが」なした実験とは、一七世紀末にG・E・シュタールによって提唱された、いわゆる「フロギストン説」のこと。可燃物質は、灰と（負の質料をもつ）フロギストンとの結合したものであって、例えば木炭と（金属）灰とを燃焼させると、木炭の中のフロギストンが（金属）灰へ移行し、これと結合して灰と金属ができる、という実験を指しています。

この説は、一八世紀末から一九世紀初めにかけてプリーストリー、ラボアジェによる酸化説にとって代わられ、これと並行して物質が一定数の元素からなるという原子論が次第に確立されていったわけです。カントは晩年になると、形式（カテゴリー）とは別の物資的ア・プリオリを期待したのですが、ニュートン力学とは異なるア・プリオリのモデルが、すでにここに現れていると言えましょう。

3 理性は、それ自身が産み出したものだけを洞察する

さて、こうして、「学の確実な道」を歩む近代科学の発展をそれなりに描いたうえで、カントは次第に「コペルニクス的転回」という思考（認識）上の大革命を、この発展史のうちに読みこむ準備をするのですが、このあたりから——かなり有名なところですが——、論旨が少しずつ不透明になってくる。

> 彼らにわかったのは、理性は、理性自身がその企画にしたがって産み出したものだけを洞察するということ、また理性は、恒常不変の法則にしたがうおのれの判断の原理をたずさえて先導し、おのれの問いに答えるよう自然を強制しなければならないのであって、もっぱら自然によっていわば、幼児むけの歩行練習用の手引きひもに引っ張られて、歩行を習わさせられるようなことがあってはならないということである。（四四頁）

この長い文章は、前半と後半に分かれていて、それぞれ一筋縄ではいかない問題を孕んでいる。前半の「理性は、理性自身がその企画にしたがって産み出したものだけを洞察する」というのは、すでにユークリッドの作図の例で説明したのと同じです。とはいえその後、TさんとNさんから、これがなぜア・プリオリかがわからない、という質問があり、ちょっと意外でした。そこで、少し振り返っ

て、もう一度考えてみましょう。

まず、「ア・プリオリ」とは「経験から独立」なもの、とはいえまったく経験と関係がないわけではない。むしろ、「経験から独立」なものという広義のア・プリオリなもののうち、「神の国」とか「不滅の魂」などという超越したもの――経験からまったく隔絶したもの――を取り除いたものが、狭義のア・プリオリであり、それは経験を「可能にする」がゆえに、経験の「うち」にはないものなのです。すなわち、カントのタームを使えば、「経験の可能性の条件」であって、これらがカテゴリーや時間・空間であること、これについてはいいですね。

そして、これは最も基本的なカント認識論の構図ですが、その基礎にはもっと具体的なユークリッド幾何学の作図や自然的把握があることを忘れてはならない。そこで、ユークリッド幾何学の作図を考えてみるに、概念（直線、三角形、円、等しい……）はもう与えられているとして、あとは純粋直観としての空間が与えられさえすれば、すべての図形は「ひとりでに」描ける。そして、純粋直観としての空間は、われわれ感性的・理性的存在者にもともと与えられているのです。

ここで重要なことは、すべてが純粋直観において行われること。われわれが作図するときは、ノートやホワイトボードや砂の上を使いますが、それらの上に描かれた図形F_1、F_2、F_3……は二等辺三角形ではなく、特定の物体です。

では、二等辺三角形は「どこ」にあるのかというと、ライプニッツに代表される哲学者は、「思考」のうちにあるとしたのですが、カントはこれに反対し、「純粋直観」のうちにあるとした。なぜなら平面幾何学の場合、一辺が、三、四、五センチメートルの直角三角形（T）という概念（思考）では一つしかないはずのTが、空間上では鏡像関係にあるT_1とT_2いうふうに二通り描けるからです。

これは、『純粋理性批判』刊行の一三年前にカントが書いた、『空間の方位の区別の第一根拠について』(一七六八年)で扱われている。

以上の作図を言いかえれば、われわれはノートの上に特定の物体F_1を描きながら、同時に純粋直観の上に(純粋な)直角三角形T_1を作図している、と言ってもいい。そして、これこそ〔前に触れた箇所(この書、四三頁)をもう一度、挙げると〕、「確実に何ものかをア・プリオリに知るためには、彼がおのれの概念に応じてみずからその事象のうちへと置き入れておいたところの、そのものから必然的に帰結するもの以外には、何ものをもその事象に付加してはならない」(四三頁)ということなのです。

そして、まさにこのことこそ、「理性は、理性自身がその企画にしたがって産み出したものだけを洞察する」(四四頁)という先の文章の意味するところであることがわかる。ただし、カントはここで幾何学ではなく、自然科学を考えているので、その法則は概念と純粋直観としての空間があればいいわけではなく、さらに物質が必要です。物質において、自然科学は幾何学と袂をわかつわけです。では、先の引用箇所の後半は何を言っているのでしょうか? その部分をもう一度、抜書きします。

また理性は、恒常不変の法則にしたがうおのれの判断の原理をたずさえて先導し、おのれの問いに答えるよう自然を強制しなければならないのであって、もっぱら自然によっていわば、幼児むけの歩行練習用の手引きひもに引っ張られて、歩行を習わさせられるようなことがあってはならない……。(四四頁)

カントは子供を育てたこともないのに、何回かこの「手引きひも」――「あんよひも」とも訳される——という言葉を使っている。どうも、われわれ人間が、「自然によって歩行を習わされる」場面を想定して、「手引きひも」ではだめだと言っているのですが、第一に、そんなに受身ではだめだということでしょう。そして、第二に——この言葉が出てくる他のところ（『啓蒙とは何か』）から推して——、「こんなひもを使っていては、いつまで経っても自分の脚で歩くことはできない」という意味もある。

では、どうすべきか？ そうではなく、逆にわれわれは「〔自然を〕先導し、おのれの問いに答えるよう自然を強制しなければならない」（四四頁）とカントは言うのですが、ここに至って歩行訓練の話から自然科学の歩みに視点を移すと、なんとなくわかるのは、博物誌や鉱物学や古代生物学など、そのつど自然に引っ張られるままに観察したり記述したりしても、いつまで経っても必然的法則を含む自然科学は成立しない、ということかなと思われる。

このあとすぐ、カントはこのようなことを書いています。

そうしたことがあってはならないのは、さもなければ、あらかじめ立てられたいかなる計画にもしたがわずになされた偶然的な諸観察は、一つの必然的法則においてまとまりをうることが全然ないのに、理性が求め必要としているのはそうした法則であるからである。（四四—四五頁）

さて、いつまでもぼわっとした科学物語の域を出ないのですが——これが、先に「不透明」と言った意味です——、このあときわめて有名な箇所に至りますが、ここの解読を「課題」にしましょう。

理性は、一方の手には、たがいに一致する（★）諸現象がそれにしたがってのみ法則とみなされうるおのれの諸原理をたずさえ、また他方の手には、理性がそれらの諸原理にしたがって考案した実験をたずさえて、自然に向かってゆかなければならないが、それは、なるほど自然によって教えられるためではあるとしても、教師の欲することを何でも言わせられる生徒の資格においてではなく、おのれが提出する問いに答えるよう証人たちに強要する正式の裁判官の資格においてである。（四五頁）

ちなみに「★」のところには、次の記述がありますが、無視していいでしょう。「★　私はここで実験方法の歴史の筋道を厳密には追っていないが、この歴史の最初の始まりもまたよくは知られていない」（四五頁）。

さらっと読むとこれまでの繰り返しのように見えますが、「生徒の資格」と「裁判官の資格」という新しい比喩が出てくる。この二つの言葉をなるべく正確に汲み取ることが鍵ですが、当時の初等教育も裁判官も、現代におけるそれとはかなり違っていたことも、本文から逆に推察し、さらに、それでもおかしいことがある、という可能性も含めて、正確に答えてください。

幾何学的作図と想像空間

はじめに、哲学の問いに対する回答（解答）には、ある方向に進むと、もっと大きなアポリア（難問）が控えているから、それを避けるという方法が隠されていることを言っておきましょう。

私はこれまで何度も言ったのですが、幾何学の作図や証明は想像（空間？）だけではできないのであって、紙や砂やホワイトボードという物体が必要です。例えば、私が二等辺三角形を作図する際の行為は、紙という物体の上に鉛筆という物体で特定の図形を描くことだけですが、同時に、私はその特定の物体ではなく、幅のない線で囲まれた、正確で純粋な二等辺三角形を「作図している」ことを知っている。

これをどう考えるかですが、各自の想像空間を前提すると、人間の数だけ、幾何学的空間が「ある」ことになり、これらの想像空間と純粋空間との関係がわからず、人が生まれるごとにその空間は増え、死ぬごとに消えることになる。これらすべては、幾何学という唯一の学問のあり方と両立しない。そこで、哲学者は想像空間という方向を避けるのです。

いや、ロックやヒュームのように、これを認める哲学者もいる。しかし、そのときには、幾何学は経験的科学に下落し、その絶対的確実性は将来にわたって保証されない、という大きな代償を払わねばならない。これをカントは到底受け容れられないわけです。すると、紙の上に描いた特定の物体と幾何学図形としての二等辺三角形とは、どう関係しているのか？

カントの言葉を使うと、私は紙や鉛筆を含めた経験的綜合をしながら、同時に純粋直観としての空間の上に幅のない線の純粋綜合もしている。Fさんは親切にも、ヘルツ宛てのカントの手紙まで添えてくれました。それによると、「……円が直観のうちで、もちろん紙の上で（経験的直観のうちに）というのではなく、むしろ構想力のなかで、（ア・プリオリに）提示されることによって、与えられているのです」。これこそ、まさに私が先に言ったことを語っているのではないでしょうか？「円」自身は「紙の上」に、知覚によっては提示されていないとしても、やはり（頭の中の想像空間ではなく）、まさに「そこに」構想力によって提示されているのです。

この書四五頁の課題とした文の前半ですが、「一方の手」と「他方の手」とは何かと問うと、前者は短縮すると「現象的法則の諸原理」であり、後者は「それらの諸原理に従った実験」です。そして、注意すべきことに、両方の主語は同じ「理性」であり、この場合は、科学者という理性的存在者とすればわかりやすいでしょう。

ここで、ぴんとこなければならない。つまり、これは仮説演繹法だろうと見こんで「一方の手」と「他方の手」とを仮説的法則と具体的実験結果と解釈してみると、うまくいきそうな感じがする。トリチェリの実験もガリレイの落体の実験も、行き当たりばったりではなく、仮説的法則をまず立てて、それを確認するために実施するのであり、課題とした文章はそれを語っているようです。

以上を踏まえて、後半を見てみましょう。本来の「課題」は、「教師の欲することを何でも言わさせられる生徒の資格においてではなく、おのれが提出する問いに答えるよう証人たちに強要する正式の裁判官の資格において」という部分であって、これを明晰に解釈してもらいたかったのです。

まず「生徒」ですが、当時の初等中等教育では、カント自身が体験したように、教師が一方的に生徒に一言一言ノートにとらせるという方法が採用されていました。私の学生時代も、こういう古典的（古臭い）教授はなお残存していて、その講義とは、教授がえんえんと自分のノートを読むだけ、学生はそれを必死にノートにとるだけなのです。ときどき「もとへ」と言って、「いまの文頭の『しかし』を『ところで』に変えてくれたまえ」と言う。講義をドイツ語で〝Vor（前で）lesung（読む）〟と言いますが、まさに学生たちの「前で読む」だけの講義なのです。自然に対して、科学者は「自然」という名のこうした教師に対する生徒のようであってはならない、ということ。

では、「おのれが提出する問いに答えるよう証人たちに強要する正式の裁判官」とは何か？当時の法廷は、裁判官と検事との区別、さらには民事訴訟と刑事訴訟との区別さえ曖昧で、裁判官はかなり高圧的に証人尋問をした。心理的には異端審問と変わりはなく、証人は裁判官にほとんど盲従するだけ。というわけで、当時の非民主的な学校と法廷は綺麗に対立する関係になっていて、カントの比喩が効いてくる。すなわち、裁判官が「強要する」というところが要であり、自然科学者は自然という証人が尋問に答えることを「強要」して、無理にでも「吐かせねば」ならないのです。

4　自然科学における思考法の革命

右の「対話11」のようであるということは、生徒が教師の語る言葉をそのまま書き写していたように自然に対していた態度から、「証人たちに強要する裁判官」のように、自然に無理にでも「語らせる」ように強要する態度への変更が、自然科学（物理学）における「思考法」の「革命」なのです。

かくして物理学すらもその思考法のこのように有益な革命をもっぱらあの着想に負うているのであるが、それは、理性自身が自然のうちへと置き入れるものに応じて、理性が自然から学ばなければならず、だから理性それ自身だけではそれについて何ひとつ知りえなかったかもしれないものを、自然のうちに求める（捏造して自然になすりつけるのではなく）という着想である。（四五頁）

カントは、「裁判官の資格で」自然に尋問することを、この箇所でさらに言いかえている。すなわち、自然Nをブラックボックスのようにとらえていて、理性がNにAを投入するとA′が、Bを投入するとB′が、Cを投入するとC′が出てくるのであって、A′、B′、C′は、Nを介さなければ、A、B、Cから概念だけによって導くことはできない。

もう少し考えてみると、前にもみたように理性は、トリチェリの実験によってはじめて、大気圧A′を確認できたのですが、この場合、理性が自然に投入するAとは何か？　一方で、これまで確立された物理学的法則すべてであって、先の言葉を使えば、「諸現象がそれにしたがってのみ法則とみなされうるおのれの諸原理」（四五頁）であり、他方で、トリチェリの実験装置、あるいはそのときの操作すべてであり、先の言葉を使えば、「理性がそれらの諸原理に従って考案した実験」だと言っていいでしょう。

ここまで詰めていけば、次の部分の理解は問題ないと思います。

このことによって自然科学ははじめて学の確実な歩みへともたらされたのであるが、それというのも、自然科学はきわめて長い世紀をつうじてたんなる模索以上の何ものでもなかったからである。（四五頁）

その次に、これと比較して、カントは従来の形而上学の態度を批判的に語っている。

形而上学は、経験が教えることを全面的にさげすみ、しかもたんなる概念によって（数学のごとく概念の直観への適用によってではなく）さげすみ、それゆえこの場合には理性がみずからおのれ自身の生徒とならなければならないところの、一つのまったく孤立した思弁的理性認識にほかならないが、この形而上学には運命は、それが学の確実な歩みをたどりうるほど、これまではまだ恵み深くはなかった。（四六頁）

この箇所を「課題」にしましょう。どうも、いままでひねた課題が多すぎたので、今回は素直な文章を選んでみます。さらに限定すると、初めの「形而上学は、経験が教えることを全面的にさげすみ」はわかりますね。また、最後の「この形而上学には運命は、それが学の確実な歩みをたどりうるほど、これまではまだ恵み深くはなかった」もわかるでしょう。そこで、実際の課題は、この最初と最後を抜かした真ん中の部分、「しかもたんなる概念によって……ほかならないが」の部分です。この部分を正確に解読してください。

対話12

はじめに、第4節「自然科学における思考法の革命」で引用した一文について、一つ注意点を上げておきますと、カントの場合、比較的素直な文章は、あまり素直に読んではならない。まず、カントが「形而上学」に対しては大いなる反感と軽蔑の念をもっているという点をしっかり押さえておかねばならない。この文章は、そうしたマイナスの感情から生まれたものです。ですから「さげすみ」とあれば、「そんな資格などないのに」というトーンが聞こえてこなければならない。そして、そんな態度だから「運命」も味方してくれなかったのだ、と締めくくっている。

とくに、解釈に当たって二つのポイントがあると思います。一つは形而上学が概念だけによって真理に至ろうとする浅はかさ。そして、そのあとの「(数学のごとく概念の直観への適用によってではなく)」が正確に読めればいいのですが。すなわち、数学〔幾何学〕が経験をさげすむことは、「(純粋)直観への適用」を弁えているからわかる、とカントは言いたいのです。

もう一つ。「理性がみずからおのれ自身の生徒とならなければならない」というのは何重にも軽蔑的発言であって、理性は「学校の生徒のように自然〔教師の言うこと〕に盲従してはならない」ということを学びましたが、またこの比喩を使っている。生徒の立場は、カントからしたら「自分の中で吟味もしないで、ただ教師の言うことを忠実にノートにとる」という最も幼稚かつ低級な態度なのです。しかも、その教師が「みずから自身」というのですから、その見当違い、幻想、妄想は目もあてられない。まさに、まったく真理を教える資格のない教師である自分自身の生徒になっている。言いかえれば、まったく真理を教える資格もないのに、自分自身の教師になっている、という滑稽きわまりない状態なのです。

私は、寄せられる回答に短いコメントをつけることもありますが、「カントのもっている『闘争心』の『肌ざわり』まで読めなければだめだ」と批判したところ、Tさんから「でも、まず全体の論理的構造がわかることが重要です」という反論をもらいましたが、そうでしょうか？　右の引用文において、カントの「毒」を抜いて何わかったと言えるのでしょうか？

5　形而上学の行き詰まり

このあと、形而上学批判がなぜ、「学の確実な道」を開きえなかったのかが抽象的に書かれている。

たとえ形而上学が、その他すべての学よりも古く、だから、その他の学がことごとく一切のものを根こそぎにする野蛮の深淵に全面的に呑みつくされることがあるかもしれないとしても、残存するにちがいないにせよ、そうである。

（四六頁）

述語の「そうである」とは、前の文章の述語を受けて、「運命は、それ〔形而上学〕が学の確実な歩みをたどりうるほど、これまではまだ恵み深くはなかった」ということ。「ことごとく一切のものを根こそぎにする野蛮の深淵に全面的に呑みつくされる」とは、普通考えて懐疑論や不可知論のようなものでしょう。バークレィやヒュームを念頭に置いていたのかもしれません。そして、形而上学だけは、いかなる懐疑論にも呑み込まれないように思われるのだが、形而上学はいまだ「学の確実な歩み」を見いだしていないから、どうもそうではないようだ、とカントは言いたいのでしょう。その理由が次に書いてあります。

なぜなら、形而上学においては理性は、最も普通の経験も確証するような、そうした諸法則を理性が、（理性が僭称するように）ア・プリオリに洞察しようとするときですら、たえず行き詰まりにおちいるからである。（四六頁）

ここが読みにくいのは翻訳がいけないからであり、一行目末の「理性」を取り、（　）の中を少し変えれば、「……理性は、最も普通の経験も確証するような、そうした諸法則を（理性はそう僭称するのだが）ア・プリオリに洞察しようとするときですら、たえず行き詰まりにおちいる……」となり、ずっとわかりやすくなります。

では、「最も普通の経験も確証するような、そうした諸法則」とは何か？「最も普通の経験」とは「最も通俗的な経験」という意味であり、かつ「形而上学においては」と限定がありますから、「誤謬推理」における不滅の魂、第一の二律背反における「第一原因」、あるいは「理想」における「神の現存在証明」などでしょうか？　そして、理性は、「批判」という根拠なしに、これらを認識できると勝手に思いこんでいるだけですから、——カントの目には——「行き詰まりにおちいる」わけです。

さて、次の箇所は、具体的に「二律背反」のことを語っているのだということを想定しないと読めません。

形而上学においては人は数えきれないほどいくども後戻りせざるをえない。というのは、人は、おのれがめざすところへと、道が通じていないことを見いだすからであり、だから、形而上学の信奉者たちのあいだでの主張の一致ということに関して言えば、形而上学は、むしろそれが一つの試合場であるほどに、一致ということからはまだまだ遠いのであって、この試合場は、その競闘において剣士の力を練磨するためにと、もともと定められているように見えるが、そこではいまだかつていずれかの剣士がこのうえなくささやかな要地をすら戦いとることはできなかったし、またその勝利を永続的に所有しつづけることもできなかった。（四六頁）

この箇所が「二律背反」を示していることは、「形而上学は、むしろそれが一つの試合場であるほどに、一致ということからはまだまだ遠い」という文章からわかります。「試合場（Kampfplatz）」という言葉を、カントは「二律背反」において何度も使っているのですが、剣闘士の一騎打ちのような場面を考えればいいでしょう。

さらに、その後の「その競闘において……いまだかつていずれかの剣〔闘〕士がこのうえなくささやかな要地をすら戦いとることはできなかったし、またその勝利を永続的に所有しつづけることもできなかった」という文章からもわかる。「二律背反」においては、テーゼ（定立）とアンチテーゼ（反定立）とが、それぞれ自分のみが正しいと主張し、泥仕合を演じたあげくに、どちらも最終的に相手に勝つことはないのです。

では、その前の「人は、おのれがめざすところへと、道が通じていない」とは何か？　「道が通じている」とは「認識に至る」ということであって、世界は無限か有限か、自由があるかどうかなどの問いは、どうあがいても認識されないということ。では、そのあとの「剣〔闘〕士の力を練磨するためにと、もともと定められているように見えるが」とは何か？　普通は、剣闘士が鍛錬すればするほど勝ち目があるように見えるのに、その競闘においてはそうではなく、剣闘士はいかに鍛錬を積んでも相手を倒すことができない、というほどの意味でしょうか。

それゆえ、形而上学のやり方がこれまではたんなる模索であったということ、また、最も困ったことには、たんなる諸概念のあいだでの模索であったということは、疑う余地がない。

（四六―四七頁）

「たんなる諸概念のあいだでの模索」というのは、形而上学の闘争の歴史とは、――カントにとっては――事柄自体の問題というより、むしろ「実体」とか「第一原因」とか「神の現存在」という概念の意味をめぐる問題であった、ということ。

次は、いよいよ「コペルニクス的転回」に入ります。この言葉のカント本来の意味は、今日のインテリどもが使っている通俗的意味とは相当違うということをしっかり示したいと思います。

6　第二版の「序文」の簡明な構造

段落が変わって次の箇所からですが、きわめて明晰であり通俗的であり、カントは第一版の失敗を猛反省したかのようです。

ところで、……そうした道はおそらく不可能なのであろうか？　いったいどうして自然は、理性の最も重要な要件の一つとしてこの道を探るよう休みなく努めることで、私たちの理性を悩ましてきたのであろうか？　それどころか、理性が私たちの知識欲の最も重要な要件の一つにおいて私たちを見捨てるのみならず、欺瞞によって釣っておいて、最後には裏切るなら、私たちは、私たちの理性に信頼をおく理由をほとんどもたないではないか！　あるいはその道はこれまで見いだされそこねてきたにすぎないのであろうか、あらためて探求しなおすさいに、私たち以外の他の人々よりも私たちがいっそううまくやりおおせることを望むためには、いかなる指示が私たちに役立ちうるのであろうか？　（四七頁）

ここばかりではなく、総じてこの第二版の「序文」が第一版の「序文」に比べてわかりやすいのは、カントが、ひたすら形而上学と自然科学との方法の違いに焦点を定めたうえで、「学の確実な歩み」が後者では確立したのに、なぜ前者では確立していないのか、という簡明な問いに絞っているからです。

もっとも、「理性……私たちを見捨てるのみならず、欺瞞によって釣っておいて、最後には裏切るなら」や「私たち以外の他の人々よりも私たちがいっそううまくやりおおせることを望むためには」という表現など、田舎芝居のようでどうかと思いますが。とにかく、自分は――哲学者としてはじめて――自然科学に匹敵するほどの「学の確実な歩み」を手中にしている、という自信が裏側からにじみ出ている文章です。

そして、これがそのまま第二版の特徴となっていて、近代科学（天文学、物理学、化学）の発展史を「学の確実な歩み」のモデルとしたうえで、形而上学が進歩しなかったのは、その固有の方法である「批判」の発見がここまで遅れたためなのだ、というすっきりした論法になっています。

形而上学とはまさに「自然についての学（Meta-phyica）」であって、自然科学（物理学）を基礎づけるための学という意味を正面から出し、このことにより、第二版は科学の基礎論という性格が濃くなって、伝統的な（特殊）形而上学のテーマであった「神・不滅の魂・自由」は、片隅に追いやられることになる。そして、一九世紀後半のカントの復活は（新カント学派）、まさにそのころの――とくにドイツにおける――自然科学の隆盛、さらには社会科学の誕生に支えられていたと言っていいでしょう。

現代日本人が『純粋理性批判』に違和感を覚えるのは、こういう科学主義に対してではない。このあたりは、比較的すっと頭に入っていくのではないでしょうか？　そうではなくて、猛烈な違和感を覚えるのは、第一版の「序文」にあるように、人間理性は「神・不滅の魂・自由」が欲しいがゆえに仮象に陥ってしまうので、それを「批判」しなければならない、という批判主義の要をなす思想だと思います。

さらに底を探っていくと、われわれ日本人にとって違和感があるのは、カントが「理性」という言葉にこれほどこだわっていることであり、ヨーロッパにおいて、カントの同時代まで理性は完全だと信じられていたのですが、カントがこれを覆して、理性自身が仮象に陥るゆえに理性を批判すべきだ、としたことは衝撃的でした。しかし、日本人は古来、理性の完全性など信じていなかったので、カントの——禁書にもなるほど——革命的な「批判」の意味がはたと膝を打つようにはわからないのです。しかし、第二版の「序文」におけるカントの思考過程をたどっていくと、明晰ながら一つの大きな疑問にぶつかる。それは、形而上学における「学の確実な道」への革命は、自然科学の革命をそのままモデルにしていいのか、という疑問です。

私が当然考えたのは、突如として成就された一つの革命によって現今みるとおりのものとなった数学と自然科学の実例は、これらの学にかくも有利となった思考法の変革の本質的な要点を熟考し、また、理性認識としてこれらの学と形而上学との類比が許されるかぎり、この点で少なくとも試みにこれらの学を模倣するに足るほど注目すべきものではあるまいかということであった。

（四七頁）

ここで、カントは慎重に「類比が許されるかぎり」という条件を加えていますが、さらっとそれが許されるかのような前提で議論を進めている。ここでは少し趣向を変えて、これを「課題」にしましょうか？　文章の解読ではなく、自然科学と形而上学との「類比」がなぜ可能なのか、なるべく厳密に答えてください。

対話13

課題は直前の、この書四七頁からの引用です。

解答はあっけなく、「類推」が可能なのは、われわれの「理性」が「一つ」だからです。この背景として、「類推（analogia）」という古典哲学の方法があります。例えば、神の「愛」や「知性」は人間の「愛」や「知性」と比べると、比較を絶して優れていることは当然だが、それでも「愛」や「知性」という言葉を使わざるをえず、まったく別の言葉を使うと、われわれにはわからない。

ですから、深読みすると、形而上学はア・プリオリな綜合判断という一点に限って、自然科学の方法との「類比」を試みるだけだという謙虚な姿勢を読み取るべきかもしれません。そして、このことが、すでに言ったように、コペルニクス的転回を導く際の、カントの「やんわりした」言い方に通じているのでしょう。

7 コペルニクスの転回とコペルニクス的転回

次の箇所が、インテリのドイツ人なら暗記しているほど有名な「コペルニクス的転回」——この用語はもう少し後に出てきますが——を表す文章です。

これまでは人は、すべて私たちの認識は対象に従わなければならないと想定した。しかし、私たちの認識がそれによって拡張されるような何ものかを、対象に関してア・プリオリに概念をつうじて見つけるすべての試みは、こうした前提のもとでは失敗した。だから、はたして私たちは形而上学の諸課題において、対象が私たちの認識に従わなければならないと私たちが想定することで、もっとうまくゆかないかどうかを、いちどこころみてみたらどうであろう。（四七―四八頁）

この文章をまず、天文学的イメージを介入させずに虚心坦懐に読んでください。あらかじめ言っておきますが、「コペルニクス的転回（Kopernikanische Wendung）」とは「コペルニクスの転回」を意味するのではなく、天文学におけるコペルニクスの転回との「類比」で、形而上学の転回に転用するときの言葉です。すなわち、「コペルニクス的」という概念が何を意味するかで、解釈が相当異なってきます。じつのところ――後に詳細に見ますが――、コペルニクスによる天動説から地動説への転回を、そのまま形而上学における転回へと応用すると、わけがわからなくなる。実際、両者の転回は探れば探るほど、似ていて非なるもの、いやあまり似ていないのです。

さて、先の引用箇所の文章はそれほど明解ではなく、いくつかの限定が付けられていることに注目しなければならない。そうです。カントは、「私たちの認識がそれによって拡張されるような何ものかを、対象に関してア・プリオリに概念をつうじて見つけるすべての試み」に限定して話を進めている。こうした試みの限りで、形而上学においてコペルニクス的転回が必要なのですが、そうでなければ必要ないのです。

この部分は二つの要素から成っている。実在的対象に関して、①新たな領域を拡張させるような認識であり、かつ、②ア・プリオリな認識であること。すなわち、ア・プリオリな認識には、概念だけの領域に留まり、新たな実在領域を拡張しないような分析的認識（一番簡単なのは、同一律A＝A）と、新たな領域に拡張される綜合的認識とに区分されるのですが、ここでカントが限定しているのはア・プリオリであって、新たな領域に拡張されるような認識です。

例えば、幾何学の認識はこちらに入り、二等辺三角形は、「二等辺三角形」という概念と純粋直観としての空間だけから作図でき、その作図に基づいて、新たにさまざまな二等辺三角形に関する法則（規則）が導けるゆえに、綜合的認識なのでした。

ここでカントが期待しているア・プリオリな綜合的認識は、物理学（天文学）という実在領域における認識（具体的には因果律）なのですが、こうしたア・プリオリな綜合的認識を期待しなければ、コペルニクスの転換は哲学のモデルにはならない。例えば、ロックやヒュームなど――いわゆる――イギリス経験論は数学を経験科学だとみなし、ア・プリオリな綜合的認識を認めなかったので、その限り、イギリス経験論哲学はコペルニクスの転回とは無縁です。

ということは、冷静になって考えてみると、カントの議論の仕方全体が循環になっていて、それほど説得的ではないとも思われてくる。すなわち、カントはア・プリオリな綜合的認識の存在を信じていて、そのうえで、それが成立するためには、世界はどのようなものでなければならないのか、と問うている。すなわち、カントのコペルニクス的転回は、ひとえにア・プリオリな綜合的認識の妥当性を説明するための原理なのですが、ア・プリオリな綜合的認識自体が、すでに絶対確実であると証明されているわけではないのです。

しかし、ここには、だから全体が循環論法であって無意味だ、と片づけてしまうわけにはいかない、意外に深い深淵が広がっています。ちょっとテキストから逸れますが、科学上の革命も、科学者たちは純粋無垢な（？）経験的知識をもって頑迷固陋なバチカンに挑んできたというわけではないことを、ちょっと垣間見てみましょう。

8　コペルニクスの転回の背景

コペルニクスの場合も、天体を観察したら地動説がさらっと出てきたというわけではない。これは、科学史の常識ですが、地動説は「火星の逆行運動」という問題を解決するために考案されたのです。すなわち、「惑星」という名前〔これは"Wanderstern"というドイツ語の訳です〕が示す通り、地球の周りの天体の運行は正確な円運動を描かずに「さまよい（wandern）」、とくに火星は、ときには逆行運動を示す。これは、天上界は完全な世界であるから、完全な円運動が支配しているというドグマに反する。そこで、この観察結果をどうにか円運動のドグマに一致させせようとして考案されたのが、宇宙の中心に太陽を置けば、地球を含めてすべての惑星（当時は土星まで）が綺麗な円運動をなしているという地動説になるのです。

ですから、コペルニクスとバチカンは、天球の円運動という共通のドグマの枠内で――後にトーマス・クーンがこれを「パラダイム」と呼んで流行になりましたが――、闘っていたのです。ちなみにバチカンは、プトレマイオスによる天道説――これは地球を中心に置いて、惑星や太陽や月の運動を数々の「周天円」の重ね合わせで説明するという煩瑣なもの――をとっていたのですが、現代的感覚では、絶対運動などはなく、すべての運動は座標系に依存しているゆえに、天動説も地動説もドグマ（パラダイム）の違いと、単純か複雑かの違いにすぎない、とも言えましょう。

ちなみにその後、ケプラーが楕円運動を提唱したときも、天上界は完全な円運動に支配されているというドグマ（パラダイム）を破壊するゆえに、彼の身に危険が降りかかってきたのです――彼の母親も魔女として捕まった。

そして、最近の風潮は、かつての――われわれが高校の世界史で学んだような――頑迷固陋なバチカンに対して「真理」だけを携えて果敢に挑戦する科学者たちという図式は、単純過ぎるという見方が支配的であって、ガリレイだって相当したたかにバチカンと手を結んでいたのだし、バチカンの中にもガリレイ賛成派は少なくなかった、という研究成果が出ています。

これも、いわゆる「ポストモダン」が「モダン」の過度の美化を反省しているという流れから生じた現象であって、クーンがその典型ですが、科学に直線的進歩があったわけではなく、ただパラダイムの変換があっただけであり。アリストテレスの自然学も、アインシュタインの相対性理論も同列だとさえ言うようになる。

さて、このあたりの事情をカントが詳細に知っていたはずがなく、彼がどれほどの知識をもとに形而上学の転回のモデルとして「コペルニクスの転回」を採用したのかはわかりませんが――コペルニクスの『天球の回転』は読んでいたらしい――、先にも示したように、引用箇所は公平な哲学史からはほど遠く、経験論と独断論を見事に調停した「批判主義」の勝利という観点から書かれているので、それを加味して読まねばなりません。

これまでは人は、すべて私たちの認識は対象に従わなければならないと想定した。しかし、私たちの認識がそれによって拡張されるような何ものかを、対象に関してア・プリオリに概念をつうじて見つけるすべての試みは、こうした前提のもとでは失敗した。だから、はたして私たちは形而上学の諸課題において、対象が私たちの認識に従わなければならないと私たちが想定することで、もっとうまくゆかないかどうかを、いちどこころみてみたらどうであろう。（四七―四八頁）

以上の考察を踏まえて、もう一度、この引用箇所を眺めてみると、まず「これまでは人は、すべて私たちの認識は対象に従わなければならないと想定した」という出だしの文章にひっかかる。近代に限っても、デカルトもスピノザもライプニッツも、「私たちの認識は対象に従わねばならない」とは想定しなかった、むしろ逆に「対象が私たちの認識に従わねばならない」と想定したのではないか、という疑問がすぐに頭をかすめます。

もちろん、カントはこのことを知らなかったわけではなく、そうは言っても、彼らには「批判」という方法が欠けていたのであり、言いかえれば「超越論的観念論」がはじめてなしえたような徹底的な論証に基づいて、「対象が私たちの認識に従わなければならない」ことを論証していない、と言いたいのでしょう。

そのうえで、今度は引用箇所の後半に注目してみると、「だから、はたして私たちは形而上学の諸課題において、対象が私たちの認識に従わなければならないと私たちが想定することで、もっとうまくゆかないかどうかを、いちどこころみてみたらどうであろう」となっている。

お気づきの通り、なんともやんわりとした語り口であって、絶対に確実だという口調ではない。これはどうしたことでしょうか？　この口調も、カントのコペルニクス的転回の性格を表している。つまり、カントは「コペルニクス的転回」というタームをもちだすことによって、何かを論証しようとするつもりはないのであって、単なる「うまい比喩」として紹介しているだけだということです。

以上を押さえたうえで、次の文章を見てみます。

この想定は、対象が私たちに与えられる以前に何ものかを対象に関して確定すべきところの、対象のア・プリオリな認識の望みどおりの可能性と、もともといっそううまく合致する。（四八頁）

カントが欲しかったア・プリオリな綜合的認識とは、言いかえれば、「対象が私たちに与えられる以前に何ものかを対象に関して確定すべきところの……認識」です。コペルニクスの転回をモデルにした形而上学の転回を想定すると、これまで望み薄だったア・プリオリな綜合的認識が「望みどおりの可能性と、もともといっそううまく合致する」というわけであって、最後までやんわり口調に変わりはありません。

9　カントの「コペルニクスの転回」の理解

次は、かの有名な「コペルニクス的転回」に突入した、この書四八頁の六行目からです。

この想定は、対象が私たちに与えられる以前に何ものかを対象に関して確定すべきところの、対象のア・プリオリな認識の望みどおりの可能性と、もともといっそううまく合致する。（四八頁）

これは、続きであって、ア・プリオリな綜合的認識が可能であるためには、「対象が認識に従わなければならない」という想定のもとでのみうまくいく、ということを言い直したものにすぎない。「対象のア・プリオリな認識の望みどおりの可能性」とは、「ア・プリオリな綜合的認識の可能性」という意味です。

そして、このあと、はじめてコペルニクスの名前が出てくる。具体的にカントが「コペルニクスの転回」について語っているのは、じつはここだけです。

この事情は、コペルニクスの最初の思想と同じものであって、コペルニクスは、全星群が観察者のまわりを回転すると想定したのでは、天体の運行をうまく説明することができなかったので、観察者を回転させ、これに反して星を静止させたなら、もっとうまくゆかないかどうかを、こころみたのである。（四八頁）

まず、「コペルニクスの最初の思想」とは何か？　諸説がありますが、このあたりのことを細々説明すると、この章が終わってしまうので、要点のみとして事実を押さえておくと、コペルニクスが地動説を論じている『天体の回転について』の出版をめぐっては、コペルニクスのうちに大変な自信と躊躇とがあり、地動説は一五〇六年に着想したとされますが、実際に出版されたのは一五四三年で、まさに彼の臨終の床に見本刷りが届けられたということです。ちなみに、デカルトは若いころ、ガリレイ裁判を知って、友人たちの忠告もあり、地動説を論じている『世界論』（神野慧一郎訳、世界の名著22、中央公論社、一九六七年）を生前刊行しませんでした。

これらの事例からもわかるとおり、当時の状況は、教科書で習うように、権威を維持するために真理をも捻じ曲げるバチカン対真理のみを奉ずる科学者という単純な図式には納まらず、かなりもつれ合ったものでした。

当然、刊行されたからには、この『天体の回転について』はバチカンの検閲を通過していて、コペルニクスは、その「序」でローマ法王パウルス三世へ出版許可のお礼を書いていますし、ガリレイは、最後までバチカンに対して「言えばわかる」という態度を貫いた。つまり、科学者たちは、みな咎めを前に躊躇しながらも理性を働かせればわかってくれるはずだ、という信念ももっていた。すでに当時は、科学者のあいだでは、バチカンに対して、その理性的判断を期待できるという雰囲気が支配していたということです。

では、はじめの問いに戻って、「コペルニクスの最初の思想」とは何のことか？『天体の回転について』は全六巻からなっていますが、地動説（太陽中心説）はその第一巻で、イラスト入りで論じられています。その後は細々とした惑星の運動論。ですから、「最初の」とは、この第一巻を指すと考えることができるでしょう。

そして、「天体の運行」とは、すでに示したように、惑星（とくに火星）の不規則運動のことですが、補足しておくと、伝統的キリスト教の教義では、大地が動くということはあってはならないと解釈されていたけれど、とくに新プラトン学派に顕著ですが、西洋史上、太陽中心説はいくらでもあった。ですからコペルニクスを、天動説から地動説への空前絶後の大転回を成し遂げた科学者とみなすのは間違いです。しかし、カントが注目したのは、この思想的転回ではない。この転回を導いた観察と合理的（理性的）推論という方法です。

あとはいいでしょう。「観察者を回転させ、これに反して星を停止させたら」とは、言うまでもなく、

（観察者のいる）地球を回転させ、星（太陽）を停止させるということです。この限り、この文章はきわめて明晰であり、何の問題もないようにみえる。しかし、これもすでに示唆したのですが、これを類比的にア・プリオリな綜合的認識への転回とみなしたとたんに、問題が山積する。

まず、素朴に考えて、カントの「超越論的観念論」とは、認識を人間の能力に限定することですから、人間的自我（超越論的統覚）を太陽の位置（宇宙の中心）に据える天道説にみえる。みずからが回転していると自覚する地動説とは真逆にみえるのです。

しかし、これは素朴な疑問ではなく、じつはこの疑問にこそ「超越論的観念論」という「思想」の秘密が隠されている。つまり、それが「超越論的実在論」ではないということであり、観念の「そと」に物自体を残すことの意味なのです。

10　超越論的実在性と経験的実在性

ここで、意図的に「実在性」という概念に足を踏み入れます。ずっとあとでコペルニクス的転回に戻ってきますから、忘れないでください。

「超越論的統覚」とは、感性的・理性的存在者（人間）の自我であり、森羅万象は、この統覚があらかじめ対象を構成する限りで、すなわち、経験に時間・空間という感性の形式とカテゴリーという悟性の形式とを投与する限りで、認識できるという思想ですが、——時々忘れがちですが——この壮大な構図は、その認識の対象は「観念」に過ぎない、という大前提に基づいている。

そして、「観念」とは「実在の観念」でしかないのですから、「実在」も前提されている。それが、観念の「うち」の実在であるわけはなく、その「そと」の実在であるはずで、それが物自体なのです。

としても、カントによれば、われわれは共通の夢を見ているわけではないのですから、観念であっても、その中において知覚される実在的な家と、夢の中の非実在的な家とは区別されるはずです。こういうしごくまともな思考過程をたどって、ここに二重の「実在」ないし「実在性」概念が登場してくる。すなわち、観念の「うち」に実在する（広義の）物（res）の「経験的実在性」と、その「そと」に実在する物（res）の「超越論的実在性」とです。前者が「現象における物」であり、後者が「物自体」ということになります。

そして、このすべては「超越論的観念論」から導かれることではなくて、逆に「超越論的観念論」がそこから導かれる思想なのです。私がここで「思想」という言葉を使っているのは、このすべては理論的に証明されるものではなく、といって直観的に（端的に）洞察されるわけでもない、すっぱり言ってしまえば、カントの世界観（思いこみ？）なのです。

ただ、カントを含む当時の哲学者にとって、人間的自我が不完全であるのは当然であって、その不完全な自我が完全な認識に到達できないことも当然であった。このことをよく示すのは、——現代人には想像もつかないでしょうが——「実在性（realitas）」と「完全性（perfectio）」が、当時は交換概念であったということ。しかも、実在性に「度（Grad）」を考えて、実在性はゼロから一〇〇（完全）まで無限に区分けできると考えていました——これが、カントの第二原則（質の原則）の基礎をなしている。したがって、神を表す「最も実在的なもの」という概念はわかりにくいのですが、これを「最も完全なもの」と言いかえれば、なんとなくわかった気がするでしょう？

どの程度までかはわかりませんが、人間的自我は実在性のある程度の度までしかとらえられない。実在性が一〇〇である（？）物自体からの触発を受け止めて、超越論的統覚は全経験を構成するのですが、その「うち」に存する諸対象（物体、図形、数）は、より実在性の低い経験的実在性しかもっていない。すなわち、物自体における超越論的実在性（一〇〇？）が、観念における経験的実在性へと転回するとき、その実在性は減じるのです。

11 「類比」という方法

カントの本文に戻ります。コペルニクス的転回が形而上学に必要なのは、それによってのみア・プリオリな（綜合的）認識が説明されうるからです。

ところで形而上学においても人は、対象の直観に関して言えば、このことを類似の仕方でこころみることができる。直観がその対象の性質に従わなければならないなら、私には、いかにして人はその対象について何ものかをア・プリオリに知りうるのかがわからない。しかしその対象（感官の客観としての）が私たちの直観能力の性質に従うなら、私はこうした可能性をまったくよく思い浮かべることができる。（四八頁）

これは、コペルニクス的転回を言いかえたものですが、「直観」という言葉が入ることによって、いっそうわかりやすくなっている。すなわち、「直観が対象に従う」か、「対象が直観に従う」かの対立であって、前者の場合はア・プリオリな綜合判断は不可能になり、後者の場合のみ可能だということ。

これを考えるのに、一番通俗的にわかりやすい説明は、「赤メガネ説」とでも言うべきものであって、森羅万象が「赤い」とすると、「なんで、すべての物は赤いのであろうか？」という問いに対して、答えは二つある。その一つは、「諸対象自身が赤いから」というもの、そして、もう一つは「われわれが赤いメガネをかけて諸対象を見たから」というもの。前者ですと、森羅万象が赤いのは、その原因がわからないという意味で偶然になってしまう。しかし、後者だとその原因は「赤いメガネ」ですからわかる。

ここで反省してみると、カントは、「ア・プリオリ」という概念に、必然性とか絶対確実性という意味を籠めるのですが、さらに絶対的普遍性という意味も付加するゆえに、ア・プリオリな判断は、「すべての」が主語であるような全称判断に限定される。幾何学や物理学の規則や法則を念頭においているからこうなるのですが、そうすると「私は、いま、ここに、存在する」という判断は、絶対確実かもしれないけれど、全称判断ではないゆえに、ア・プリオリな判断ではなくなるのです——後にカントは、これを「経験判断」であると言っています。

さらにもう一つ、カントはア・プリオリという概念に「経験から独立」という意味を当然のように組みこむ。普通に考えて、経験に由来しても絶対に確実で普遍的な認識があってもいいはずですが、それは、カントにとっては、その原因がわからない（不可知の原因＝神？による）ゆえに、採用できない。このことから、どうしてもア・プリオリな認識の起源は対象世界の側にはなく、われわれ人間の心的能力（理性、悟性、感性）の「うち」に求めざるをえなくなるというわけです。

だいたい、こういう語られない前提の積み重ねによって、ア・プリオリな認識の起源は——通俗的意味での——人間主観の側になければならない、しかもこの膨大な全宇宙であるところの客観的世界の実在性をそのまま認める、こういう主観と客観との両者に引き裂かれたようなスケールの大きい観念論が「超越論的観念論」なのです。
この次は、読解することがかなり難しい箇所に入ります。

12 コペルニクス的転回にまつわる三重の層

ここで、いよいよコペルニクス的転回の核心に入ります。復習も兼ねて、その前に確認しておくと、次の三重の層を確認し、互いに区別しなければならないでしょう。

① コペルニクス自身の「転回」が、単に天動説から地動説への転回ではないこと。円運動への信仰など、バチカンと共通の当時の世界観に基づいていたこと。
② カントのコペルニクス理解が、どこまで正確か疑問であること――これは科学史のテーマ。
③ カントの提唱する「コペルニクス的（kopernikanische）転回」は、コペルニクスの転回とは別物であること。カントは「類比」と言っているが、これもまた問題があること。

さて、①と②は先にちらっと説明した程度に留めておきます。私は東京大学教養学科の科学史科学哲学分科というところを名ばかりの卒業しましたが、科学史にはまるで興味がなく、ほんねを言うと、まともな学問とも思っていなかった。そこには、アラビア科学の碩学、伊東俊太郎先生や、進化論の権威、木村陽二郎先生や、非常勤講師でニュートン研究の第一人者である渡辺正雄先生など、錚々たる教授陣がいたのですが、おもしろくも何ともなかったし、コペルニクスについて学んだ記憶もありません。

というわけで、ここでは③だけを扱いますが、極端に言うと、「コペルニクス的転回」とは「コペルニクスの転回」とはほとんど関係ないのではないかとすら思われてくる。と言うのも、カントの問いは、ア・プリオリな認識が可能だとすれば、それを可能ならしめるようなどんな認識論的装置――と、私の嫌いな言葉で言っておきます――が必要なのか、という問いだからです。とはいえ、遠くでかすかに繋がっている感じもして、それは追々示していきましょう。

しかし私は、これらの直観が認識になるべきときには、これらの直観に立ちどまっていることはできず、表象としてのこれらの直観を対象としてのなんらかの或るものと連関づけ、この対象をそうした表象によって規定しなければならないゆえ、私は、まず、私がそれによってこの規定をなしとげる諸概念もまたその対象に従うと想定することができるが、この場合には私はふたたび、私がその対象について何ものかをア・プリオリに知りうる仕方に関して、同じ当惑におちいってしまう。

(四八―四九頁)

前に読んだ、この直前の文章では、「直観がその対象の性質に従わなければならないなら」(四八頁)、ア・プリオリな認識は不可能である、と言っていて、出だしはそれを受けている。カントは、対象のとらえ方に関して、直観と認識の二段階で考えている。ここでは、直観のレベルと同様、認識のレベルでも、われわれの認識能力(悟性)が対象に従うなら、ア・プリオリな認識は不可能となろう、ということです。

初心者は、「表象としてのこれらの直観を対象としてのなんらかの或るものと連関づけ、この対象をそうした表象によって規定しなければならない」というだらだらした文章に躓いてしまうかもしれない。認識とは、或るもの(例えば、赤い物)の見た目(直観)ではなく、「対象としてのなんらかの或るもの」、すなわち赤い光を反射する物質の性質にまで踏み込んで〔物理学的に〕理解すること、また「概念」とは、単なる言葉ではなく、こうした認識の段階に達した「赤」という言葉です。その場合、この概念としての「赤」が、すでにカテゴリー（純粋悟性概念）によって、例えば量、質、因果律に従って枠づけられていることが重要です。

13 ア・プリオリな認識にまつわる思考法の変革

こうして、認識が対象に従うと想定する場合には、「私はふたたび、私がその対象について何ものかをア・プリオリに知りうる仕方に関して、同じ当惑におちいってしまう」。すなわちア・プリオリな認識の根拠が与えられないわけです。とすると、逆転して、対象が認識に従うと想定すればうまくいくであろう、と続くはずなのですが、カントの文章はじつにまどろっこしい。

したがって、それとは違って、私は、諸対象、ないしは同じことであるが、それらの諸対象がそこにおいてのみ（与えられた対象として）認識される経験がこれらの諸概念に従うと想定するわけであるが、この場合には私は一つのいっそう容易な方策をただちに見てとる。（四九頁）

ここで突如、「経験（Erfahrung）」という言葉が出てきますが、わからないこともない。経験の「うち」には、ア・プリオリな認識は得られない、という含みがあらかじめあるからです。すなわち、カントの思いこみと言っていいと思いますが、ア・プリオリを形成する基本的性質である「必然性」という金の糸は、経験のうちにも経験の背後にも見いだされえない。たとえ、「これまで」

の世界においてニュートンの法則が例外なく成立してきたとしても、明日から変わるかもしれない。その例外のなさが、物質のうちに、あるいは重力場のうちに潜むとしても、それは必然的に成立しているとまでは言えない。なぜなら、明日から物質の構造、あるいは重力場のあり方が変わるかもしれない――いや、すべてがなくなるかもしれない――からです。

というわけで、われわれには知られていない何ものか＝Xが経験を必然的たらしめる、という発想をカントは認めないのです。とすると、残されたア・プリオリな認識の源は一つだけで、それは人間の意識ということになります。

というのは、経験自身が悟性を必要とする一つの認識様式であり、この悟性の規則を私は、私に対象が与えられる以前に、したがってア・プリオリに、私のうちに前提しなければならず、悟性のこの規則はア・プリオリな諸概念としてあらわされるものであって、それゆえ経験のすべての対象はこれらのア・プリオリな諸概念に必然的に従い、それらと一致しなければならないからである。
（四九頁）

「経験」が「認識様式」だというのも解《げ》せないでしょうが、カントにおいては、「経験」は「経験的認識」と等価であって、認識以前の何か（原的体験？）は経験ではない、ということを知っていれば、「この悟性の規則〔カテゴリー〕を私は、私に対象が与えられる以前に、したがってア・プリオリに、私の〔意識の〕うちに前提しなければならず」という意味もわかるでしょう。

「私の〔意識の〕うち」にある悟性の規則（カテゴリー）が、「〔個々の〕対象が与えられる以前に」

すでに適用されている、という構造をもっているのが「経験」なのであって、こう考えてはじめて、経験のうちに見いだされるア・プリオリな認識が説明可能となる。具体的に言うと、「私の〔意識の〕うち」にある因果律のカテゴリーが、すでに経験に適用されているがゆえに、経験において見いだされる個々の因果法則はア・プリオリなのです。なお、ここからあとは、ちょっと読みにくいかもしれません。

たんに理性によって、しかも必然的に思考されうるかぎりにおいての、しかし（少なくとも、理性がそれを思考するとおりには）経験のうちには全然与えられえない諸対象に関して言えば、それらの諸対象を思考する試みは（なぜなら、それらの諸対象はやはり思考されはするのであるから）、私たちが思考法の変革された方法として想定するところのもの、つまり、私たちが物についてア・プリオリに認識するのは、私たち自身がそのうちへと置き入れるものだけであるという方法のみごとな試金石を、あとで与えてくれるであろう。★（四九頁）

この箇所は、経験においてのみア・プリオリな認識が可能であることを裏側から言ったもの。すなわち、「たんに理性によって、しかも必然的に思考されうるかぎりにおいての、しかし……経験のうちには全然与えられえない諸対象」、例えば神や不滅の魂は、古典的にア・プリオリな認識（必然的かつ確実な知識）の対象であると見なされていたのですが、以上のカントによるア・プリオリ概念の究明によって、じつはア・プリオリな認識の対象ではないことが、「あとで」判明するだろうということです。

よって、「私たちが物についてア・プリオリに認識するのは、私たち自身がそのうちへと置き入れるものだけであるという方法のみごとな試金石」とは、一方で、経験における因果律をア・プリオリな認識に入れ、他方、神や不死の魂をそこから排除する試金石となるということであり、そして、これこそが「思考法の変革された方法」なのです。

この「思考法の変革」こそが、「コペルニクス的転回」の核心であることは確かなのですが、わかりましょうか？　さしあたり、天動説から地動説への転回と、このア・プリオリな認識に関する転回とは何の関係もないように思われるのですが、じつはここに細い糸が張られていて、両者はどうにか関係している。それをこれから解明していくのですが、ということは、ここまでの考察はずっと「コペルニクス的転回」についての助走にすぎなかったというわけです。

14　実験的方法と二重の観点

このあとに「★」が付いていますが、この箇所はきわめて重要です。カントの文章では本文より注のほうに重要なことが書いてある、とよく言われますが、ここはその代表例ですね。と言っても出だしは簡単です。

★——それゆえ、自然科学者を模倣したこの方法の本質は、純粋理性の諸要素を、実験によって確証されないしは論駁されるもののうちに求めるという点にある。ところで、純粋理性の諸命題を吟味するためには、とりわけそれらの諸命題が可能的経験のすべての限界を越え出てあえて立てられるときには、その**客観**に関してはいかなる実験もなされない（自然科学におけるようには）。

（五〇頁）

まず、誰でもへんだなと思うことは、ア・プリオリな認識と自然科学の「実験」とはレベルの違う話だということです。因果律のカテゴリーを経験に適用するときに、「確証されないしは論駁される」わけではなく、「経験」とは因果律のカテゴリーが適用されたものでしかないのだから、論駁される余地はない。こうした前提のもとで、科学的な実験はその後に、具体的な知覚を介しておこなわれ、この段階ではじめてある命題（仮説）が、「確証されないしは論駁される」わけですよね。こういうわけで、カントの「実験」というアナロジーには相当無理があります。まあ、神の現存在や魂の不死に関する実験はありえないので、その限りではわかるのですが。

というわけで、カントを研究する者なら誰でも知っている「実験的方法」とは、コペルニクスの転回とコペルニクス的転回とがひどく異なったように、本来の科学的実験ではなく、ア・プリオリな認識の可能性の限界を設定する方法なのですから、初心者は、はなはだ混乱してくることでしょう。

ついでにもう一つ挙げましょうか。カントは二律背反において懐疑論に対しては歯牙にもかけない態度をとりますが、みずからの二律背反は「懐疑的やり方」の上に成り立つきわめて有効なものなのだ、と主張する。これに対してどういう態度をとるかは、人によると思いますが、私見では、ここには深いものなどまるでなく、ただただこんな紛らわしい言葉遣いなどしないでもらいたい、と思うだけです。

さて、このあと解読が難しい箇所に突入します。

それゆえ実験は、私たちがア・プリオリに容認する諸概念や諸原則に関してのみ可能となるであろうが、それは、つまりそれらの諸概念や諸原則が整えられて、そのため同一の対象も、一方では、経験にとっての感官と悟性との対象として、それにもかかわらず他方では、たんに思考されるにすぎない対象、とにかく、経験の限界を越え出ようと努める孤立した理性にとっての対象として、したがって二つの異なった側面から考察されうることによってである。（五〇頁）

そもそも、いまカントは――忘れそうになりますが――、コペルニクス的転回を論じているのでした。そして、その核心は「思考法の変革された方法」であり、それは「私たちが思考法の変革された方法として想定するところのもの、つまり、私たちが物についてア・プリオリに認識するのは、私たち自身がそのうちへと置き入れるものだけであるという方法」なのであり、このことによって、私自身の先の文章を引用すると、「一方で、経験における因果律をア・プリオリな認識に入れ、他方、神や不死の魂をそこから排除する試金石となる」（本書、二〇五頁）のでした。

ですから、この引用箇所も、そのことを語っているはずだと、当然期待してよいように思われます。ところで、カントはここで「同一の対象」が一方では経験の対象として、他方では理性だけの対象として見られると語っている。どうも、いままでの議論とは風向き（？）が違っています。しかし、――ほんとうに見通しにくいことに――まさにここで、「思考法の変革された方法」、すなわちコペルニクス的転回が「コペルニクスの地動説」と重なり合うのです。

というのも、天動説と地動説とは、単に宇宙の中心を地球から太陽に移しただけではなく、天動説とは「見える」とおりに「ある」という説、太陽は動いて「見える」がゆえに動いて「ある」、地球は静止して「見える」がゆえに静止して「ある」という説です。これに対して、地動説とは太陽は動いて「見える」が静止して「ある」、地球は静止して「見える」が動いて「ある」という説です。

言いかえれば、天動説は、直観と認識とが重なった一重の観点に立つ説、これに対して地動説は、直観と認識とがずれる（逆転する）二重の観点に立つ説だということ。次の箇所で、カントはこのことをはっきり語っています。

ところで、諸物がそうした二重の観点から考察されるときには、純粋理性の原理との一致が生ずるが、一方だけの観点をとるときには理性の不可避的な自己矛盾があらわれるということがわかるなら、その実験はあの区別の正しさを決定するわけである。（五〇頁）

ここで重要なことは、天動説をとっても地動説をとっても、天体の運動の「見え方」に変わりはないということ。問題はこの次からです。天動説は、よって、われわれの認識の対象は「見えるままにある」と主張するのに対して、地動説は「見えるまま」ではない、「ある」という別の原理が成り立つと主張する。そして、カントは「純粋理性の原理」とは、まさにこうした二重の観点をとることだと言っているのです。「一方だけの観点をとるときには理性の不可避的な自己矛盾があらわれる」ゆえに、一重の観点しかとっていない天動説は排除されるべきなのです。そして、このすべてが理性の二律背反と通底していることも確かでしょう。

どうでしょうか？　ついに、コペルニクス的転回の奇怪な迷宮に足を踏みこみました。あと三回はこの迷宮に留まらねばならない。

15　形而上学の第一部門とコペルニクス的転回

次は、この書の五〇頁にある注のあとからです。前にも言いましたが、コペルニクスの転回とコペルニクス的転回との細い糸をたどる作業がこれから当分続きますが、あらかじめ言っておくと、「たどる」ことはかなり大変です。

> この試みは望みどおりに成功し、だから形而上学に、その第一部門において、すなわち、ア・プリオリな諸概念にたずさわるが、これらの諸概念については対応する対象が経験においてそれらの諸概念に適合して与えられうる部門において、学の確実な歩みを約束する。（五〇頁）

まず問題は、カントは形而上学を「自然の形而上学」と「人倫の形而上学」という二段階で考えていたということ。ここで、注目すべきことは二つあって、第一に、不思議なことに、アリストテレスの形而上学においては、一般形而上学＝存在論なのですが、それがまったくないこと、また特殊形而上学は「宇宙論、魂論、神学」なのですが、これはむしろ『純粋理性批判』の「弁証論」で扱われていること。そして、アリストテレスでは（狭義の）形而上学には入っていない「人倫（道徳）の形而上学」が、むしろ形而上学のメインの位置を占めていること。

これを『純粋理性批判』の観点から見直すと、この書第一版の執筆時は、まだこの書から独立な書として『実践理性批判』を書く予定はなかったけれど、第二版ではすでにそれが視野に入っていた、最終的に批判は『純粋理性批判』、『実践理性批判』、『判断力批判』という三批判書に結晶化されますが、これは最初の計画ではなく、むしろカントは『純粋理性批判』を「自然の形而上学」と「人倫の形而上学」、この両方の準備学だと考えていたのです。

以上のことから、ここでカントが「形而上学の第一部門」と「形而上学の第二部門」と呼んでいるものが何かと考えいくと、――あとの論述からも裏づけられるのですが――どうも後に計画していた「自然の形而上学」と「人倫の形而上学」のことではなく、『純粋理性批判』における「分析論」と「弁証論」ではないか、という推測がなされる。

「分析論」を「形而上学の第一部門」、「弁証論」を「形而上学の第二部門」と呼ぶのはどう考えてもおかしいのですが、自然の形而上学を「形而上学の第一部門」、人倫の形而上学を「形而上学の第二部門」と呼ぶのも同じようにおかしい。よって、ここは、もう思考を打ち切って(?)、『純粋理性批判』における「第一部門　分析論」「第二部門　弁証論」のことだと解します(「部門(Teil)」という言葉も一致していますし)。

そして、この「第一部門」、すなわち「対応する対象が経験においてそれらの諸概念に適合し与えられうる部門」においては、ア・プリオリな認識(ア・プリオリな綜合判断)は可能であり、それに基づいて幾何学や物理学が成立することを論証しえた、とカントは確信している。次に、あらためてその理由が示されています。

なぜなら、思考法のこの変革にしたがえばア・プリオリな認識の可能性はきわめてよく説明されることができ、だから、それどころか、経験の諸対象の総括としての自然の根底にア・プリオリにある諸法則は十分に証明されるからであるが、これら二つのことはこれまでのやり方にしたが

えば不可能なことであった。（五〇―五一頁）

「思考法のこの変革」は、前にあったように「私たちの認識は対象に従わなければならない」（四七頁）という思考法から、「対象が私たちの認識に従わなければならない」（四八頁）という思考法への変革です。

問題は右の引用箇所二行目の「それどころか」以下であって、すなわち、カントが「経験の諸対象の総括としての自然の根底にア・プリオリにある諸法則は十分に証明される」とあらためて言っている点です。このことは、すぐこのあとに出てきますが、第二部門ではア・プリオリな認識が可能であることを証明できなかったが、ということを視野に入れ、これと対比することではじめてわかってくる。

すなわち、「対象が私たちの認識に従わなければならない」という思考法の変革は第一部門である「分析論」においてのみ成功し、第二部門における「弁証論」においては成功しなかったということです。と、こう書いたとたんに、いや第二部門においても、少なくとも道徳法則がア・プリオリに認識できることは証明されたのではないか、という思いが脳裏をよぎりますが、ここのところが微妙なのです。

というのも、このことは二年後（一七八八年）の『実践理性批判』で成し遂げたことであって、『純粋理性批判』の段階では、自由は「第三の二律背反」で扱われていますが、それは単なる理念に過ぎないし、道徳法則というものも登場してこない。すなわち、人倫（道徳）の領域においてア・プリオリな認識の成立を示すものは見当たらないのです。

カントは『純粋理性批判』第二版を書き進めていくうちに、自由に関する論述が異様に拡大したので、その部分を切り離して二年後の『実践理性批判』として出版したのだと言われていますが、このことを加味するとさらに微妙になり、この第二版の段階で『実践理性批判』の展望がすでにどのくらいカントの思考のうちにあったかという問題に収斂しますが、そうは言っても、カントは第二版で「第三の二律背反」をまったく手直ししていない。そのかぎり、自由はやはり理念に過ぎないという線を踏襲している、と考えざるをえないのではないでしょうか？

16 形而上学の第二部門とコペルニクス的転回

以上のことを踏まえて、早速、形而上学の第二部門に関するカントの論述を読んでみましょう。

しかし私たちのア・プリオリな認識能力のこの演繹からは、形而上学の第一部門においては、一つの奇怪な、その第二部門が取り扱う形而上学の全目的にとって一見きわめて不利と思われる結果が生ずる。すなわち、私たちは私たちのア・プリオリな認識能力をもってしては、形而上学というこの学のまさしく最も本質的な関心事である可能的経験の限界を越え出るということを、けっしてなすことができないという結果が、それである。（五一頁）

この部分は、簡単そうに見えますが、意外に論述が「ねじれて」いて読みにくい。「私たちのア・プリオリな認識能力のこの演繹」と書いてあることから、「形而上学の第一部門」が「演繹論」を中心とする「分析論」であることはほぼ決定したのですが、まず、「形而上学の第一部門においては、一つの奇怪な……結果」とは何でしょうか？

「奇怪な」とは“befremdlich”であって、「反感をもたらすような」という意味なのですが、その具体的内容は「第二部門が取り扱う形而上学の全目的にとって一見きわめて不利と思われる結果」、さらに具体的には、「形而上学というこの学のまさしく最も本質的な関心事である可能的経験の限界を越え出るということを、けっしてなすことができないという結果」なのです。

このこと自体はわかるのですが、それに「第一部門においては」という限定がついていることから、混乱してくる。それを整合的に読もうとするなら、「第一部門」において、自然とはカテゴリーと時間・空間という経験を可能にする条件のもとにある可能的経験（現象）である限り、そこにア・プリオリな認識が成立しうることは論証された。しかし、このことがとりもなおさず、「形而上学というこの学のまさしく最も本質的な関心事」である、神、自由、不滅の魂を認識することを妨げることになった、すなわち、ア・プリオリな認識が、「可能的経験の限界を越え出るということを、けっしてなすことができない」ことになった、というふうに読むのが普通でしょう。

そして、このことは「奇怪なこと」なのです。この「奇怪なこと」とは、カントではなく、むしろ形而上学に神や自由や不滅の魂の認識を求める——哲学者から庶民まで——当時のごく普通の人々の心理状態を代弁しているものでしょう。

17 物自体から現象における物への転回

このあと、「物自体」が出てくるのですが、これはいつでも厄介な概念であって、しかも超越論的観念論におけるア・プリオリな認識においては、どこまでもネガティヴな役割しか果たしていない。

しかしこのような事態のうちには、私たちのア・プリオリな理性認識に最初にくだされた評価の結果、すなわち、私たちのア・プリオリな理性認識は現象にかかわるだけであって、これに反して事象自体そのものは、なるほどそれ自身だけでは現実的なものではあるが、私たちによって認識されないものとして放置しておくという、こうした結果が真であることを再吟味する実験がひそんでいるのである。（五一頁）

こののち、「事象それ自体そのもの」とか「諸物それ自体そのもの」などといった似たような表現が頻出しますが、すべて「物自体」のことです。以上の引用箇所の後半、「これに反して」以降が、きわめてわかりにくい。物自体が、「それ自身だけでは現実的なものではあるが」における「現実的」は、本来「実在的」に置き換えるべきであり、超越論的観念論は、世界全体を観念とみなすのですが、観念は「実在の」観念なのですから、文法的には観念＝現象の「そと」に実在を認めていることになる。

それを「物自体」という概念が受け止めているわけですが、さしあたりそれは積極的に何かというより前に、超越論的観念論という立場をとる限り、観念の「そと」の実在を認めざるをえない、ということから文法的に要求されるのです。

これは、カントの世界観と言ってしまえばそれまでなのですが、当時のほとんどの人の世界観を代弁しているとも言える。すなわち、大雑把に言ってしまえば、神が世界を創造したのであり、われわれ人間（ヨーロッパ人）はそれを人間固有の限られた視点から認識できるだけだ、という世界観です。

言いかえれば、超越論的実在論とは、神のように人間が世界そのものを創造し、よって、その諸対象は物自体であって、人間はそれらを認識できる、というイメージに近いでしょう。

しかし、カントはこんな形而上学は、当然のことながら認めないわけで、その結果、認識できないもの、しかし実在するものとして物自体を想定することになるのです。

さて、最後の部分の「私たちによって認識されないものとして放置しておくという、こうした結果が真であることを再吟味する実験がひそんでいる」という部分がとりわけわかりにくい。主語は「実験」なのですが、「このような事態のうちには……実験がひそんでいる」というのが大枠の構造です。そして、「このような事態」とは、前の文書における、ア・プリオリな認識は現象を超える形而上学に関しては成立しないということでした。

「再吟味する実験」のドイツ語は“im Experiment der Gegenprobe”であり、「再吟味」とは別の角度から吟味するということ。そうすると、全体の意味は、「形而上学に関してア・プリオリな認識が成立しないという論法のうちには、物自体が認識できないことが真であることを、他の角度から吟味するような（思考）実験が含まれている」ということです。

さらに嚙み砕いて言えば、「形而上学に関してア・プリオリな認識が成立しないことは、物自体が認識できないことを他の角度から言い当てている」ということ。これでようやくわかったでしょう。そしてその論理構造は、このあとの論述によってはじめて明確になります。

なぜなら、私たちを必然的に駆りたてて経験とすべての現象との限界を越え出てゆかせるものは、無条件的なものであって、理性がこの無条件的なものをすべての条件づけられたものに対して諸物自体そのもののうちに求め、このことによって条件の系列を完結したものとして求めるのは、必然的なことであり、またまったく当然のことであるからである。

（五一頁）

これも間違ってはならないのですが、どこまでも無条件的なもの（物自体）に近づこうとする理性の本性――と他のところでは言っている――は必然的だけれど、だからと言って物自体をア・プリオリに認識したとは言えない、ということです。

ところで、私たちの経験認識が諸物自体そのものとしての諸対象に従うと想定されるなら、無条件的なものは矛盾なしには全然思考されることはできないが、これに反して、私たちに与えられる諸物についての私たちの表象が、諸物自体そのものとしてのこれらの諸物に従うのではなく、むしろこられの諸対象が、諸現象として、私たちの表象様式に従うと想定されるなら、その矛盾はなくなるということ、また、したがって無条件的なものは、私たちが知る（私たちに与えられる）かぎりにおいての諸物で見いだされるのではないが、私たちが知らないかぎりにおいての、諸事象自体そのものとしての諸物で、おそらく見いだされるにちがいないということがわかるなら、私たちが最初試みに想定したにすぎないものが根拠づけられていることが、示されるわけである。★

（五一―五二頁）

ここも、わかりやすい文章とは言えませんが、ひとつ前の引用文にある、「無条件的なもの（das Unbedingte）」というキーワードをもちこむことによって、視界が開かれる。すなわち、カントによれば、われわれの人間理性のうちにある経験を可能にする条件――時間・空間・カテゴリー――の下にある限りで、認識は成立するのですが、無条件的なものは、当然この条件の下にはないゆえに、われわれに認識できるわけはない、という簡明な論法です。

もし無条件的なものが認識できるとすると、無条件的なものが条件のもとにあることになり、矛盾であるわけです。しかし、じつはここでカントはもう一歩踏みこんでいて、私たちの認識能力が対象に従う場合、その対象とは物自体を意味することになり、逆に対象が私たちの認識能力に従う場合、その対象は現象における対象を意味するという層まで抉り出している。

ここで、ようやく、コペルニクス的転回につながります。コペルニクス的転回とは、認識の対象を、物自体から現象における対象に転回させることでもある。そして、こうした対象の存在論的身分を転回することこそが、「私たちが最初試みに想定したにすぎないもの」、すなわち「経験を超えたものは認識できない」という単なる想定が「根拠づけられる」わけなのです。

しかし、こう書いてみると、やはり「どうでもいい」と思ってしまいますね。

こうして、ようやくコペルニクス的転回に繋がったようですが、これはまだまだ続きます。

18　化学者たちの実験と形而上学者の分析

この書五三頁の注からです。

★――純粋理性のこの実験は、化学者たちがしばしば還元の試みと名づけているが、一般には綜合的手続きと名づけられているところの、化学者たちの実験ときわめて類似している。形而上学者の分析はアプリオリな純粋認識を、二つのきわめて異種的な要素に、すなわち、諸現象としての諸物の認識と、次には諸物自体そのものの認識とに分ける。弁証論はこれら両者をふたたび結合して、無条件的なものという必然的な理性理念と調和させ、この調和はあの区別による以外にはけっしておこらず、それゆえこれは真の区別であるということを見いだすのである。（五三頁）

これは前に引いた最後の文章に付された「注」であって、本来そのとき説明すべきだったのですが、時間切れでした！

その文章の解説はしましたので（本書、二一六―二一七頁）、そこを再読していただくとして、問題は、カントがこの注★で言っていることが、それほど先に挙げた文章（二一六頁）に連関していないように見えることです。この注★で、カントは化学結合の話をしているので、ますますこんがらがってくる。

前にも触れましたが、当時ゲオルク・シュタールなどによって、物の燃焼に関するフロギストン説が隆盛になり、燃焼とは、ある元素からフロギストンというマイナスの質料をもつ元素が離れることによって起こると説明され、燃焼とは元素に酸素が結合して生ずるのだという酸化説が出たのは一九世紀始めですから、カントはフロギストン説に留まっていたと考えられます。

その一つの証拠が、「還元の試み」、すなわち「一般には綜合的手続きと名づけられているところの、化学者たちの実験」という言い回しです。フロギストン説によると、酸化説とは逆に、元素にフロギストンが結合している元の状態に戻すことが「還元」なのです。

さて、ここまでどうにか読み解いてきたとしても、それと「形而上学者の分析」との話のつながりが、またすらっとはわからない。それは「諸現象としての諸物の認識と、次には諸物自体そのものの認識とに分ける」ことであり、カントは、まさにこの区別こそ「真の区別」だと言いたいことまではわかるのですが。

どうも、カントは、①化学者が実験によって究明した化学結合と、②哲学者（形而上学者）が実験的方法によって究明した、物自体と現象との形而上学者の区別とをつなげたいようなのです。そして、まさにここをつなげることによって、コペルニクス的転回の根幹的意味がはじめて理解できるのです。

天動説から地動説への転回、一重の視点から二重の視点への転回、実験的方法、化学結合……というこれまでの概念が総出で、コペルニクス的転回を指し示しています。役者が多すぎて混乱してくるのですが、どうもその中核は物自体と現象（表象）との区別であるらしい。形而上学＝哲学において、この区別にはじめて気がついたのは自分であり、それはコペルニクスの大転回にも匹敵するものだ、という線が浮かび上がってくる――のでなくては読めたことになりません。そして、これは物質を有限な元素に分解して結合するという仕方で説明する、化学者の実験と同じなのです。

根っこはとても単純であり、物自体と現象とを区別しないで、素朴に諸対象を「一重の視点」から見ている限り、ア・プリオリな認識の可能性は理解しえない。物を現象として、物自体から分離すること――まさに分析＝分解――によって、はじめて物は、現象における物であることになり、その限り主観（感性と悟性）の形式に従うことが理解されうる。火星の逆行運動も、地上にいるわれわれに「見える」だけの現象であって、火星はそれ自体としては、太陽を中心に正しく円運動していることと矛盾なく両立しうる、というわけです。

さて、これで感心してはなりません。こう書くと、何となくカントの洞察力に拍手したくなりますが、じつは、「コペルニクスの転回」と「カントのコペルニクス的転回」とのあいだには、深い溝が走っています。さて、これを「課題」にしましょう。ただし、このあとでも、★★で、カントはコペルニクスの転回に言及していますので、その解説を読んだ後で、一つだけでいいですから（主な溝は一つだけです）、挙げてみてください。

じつは、「課題」はもう一つあります。それは、話の繋がりから、避けて通ったのですが、ここで読んだ★の後半部分、「弁証論はこれら両者をふたたび結合して、無条件的なものという必然的な理性理念と調和させ、この調和はあの区別による以外にはけっしておこらず」という部分の解説をしてもらいたいのです。このあとに、「それゆえこれは真の区別であることを見いだす」とありますから、これもまた物自体と現象との区別を語っているはずですが、なぜカントはこういう語り方をするのでしょうか？

対話14

二つの課題は次のものです。

(1) 第一の課題は、五回にわたってコペルニクスの転回とカントのコペルニクス的転回について説明してきましたが、そこに細い糸は認められても、大きな溝があるということを指摘せよ、というものです。これに答えることは、コペルニクス的転回の総決算とも言えるので、ここで扱うのにちょうどいい。

カントのコペルニクス的転回の肝は、何と言っても物自体と現象との区別です。何度も言うように、火星の逆行運動は地球から見た現れとしての運動に過ぎないけれど、火星本来の運動は太陽の周囲を円運動する。前者が現象としての運動であり、後者が物自体としての運動であって、こうして二重の観点から一つの運動をとらえることによって、両者の運動を矛盾なく説明できる、というわけです。

しかし、果たしてカントの物自体と現象の場合、「一つのもの」が二つの異なった観点からとらえられるということでしょうか？　物自体として、まず超越論的理念である、「神・自由・不滅の魂」をもってきても、これらは。理念とは別の仕方で現象において認識されるわけではない。

自由の登場する第三の二律背反でも、物自体としての自由と現象としての自由とのあいだの二律背反ではない。これはいいでしょう。さらに、現象を触発する物自体＝Xとしても、それが物自体としては……、現象としては……と論じられているわけではない。現象における物と物自体とは「一つのもの」ではないのであって、その限り、星の運動とは関係がないのです。

(2)　第二の課題は、次の文章を解読することです。「弁証論はこれら両者をふたたび結合して、無条件的なものという必然的な理性理念と調和させ、この調和は〔物自体と現象という〕あの区別による以外にはけっしておこら〔ない〕」（五三頁）。まさに、いま(1)で言った溝にもかかわらず、カントはコペルニクスの転回に「弁証論」を重ね合わせている。「無条件的なものという必然的な理性理念」として、「神」と「不滅の魂」をもってくればよくわかる——この文脈では「自由」も同じですが。

ここでカントは、「神」は、現象においては認識の対象ではなく、単なる理念であると言っているだけであって、経験を超えた叡智界に実在すると言っているわけではない。まさに理念としてその存在を回復しているだけであり、これが「調和」ということです。とすると、火星の円運動は地上では認識できず、ただ理念として認められる、というわけではないので、大きく話は逸れていますね。

しかし、カントはこれに気づいていたふしがある。コペルニクスの転回をそのままもってきて、細部にわたって比較することはやめてほしい。いまのところ、その大まかな転回だけをわかってもらいたい。自然科学におけるコペルニクスの大転回が、数々の天体運動に新たな光を投じたように、私は形而上学における大転回を成し遂げた、その結果、いままで解けなかった難問――ア・プリオリな認識の原理――に解答を与えることができた、このことだけを評価してもらいたい、ということでしょう。

19 「空き地」をまず確保して後にそれを充たすこと

ここで、いったん本文、すなわち五二頁の七行目に戻ります。

ところで、思弁的理性には超感性的なものというこの分野のうちでうまくやってゆくことがまったく拒まれたからには、はたして理性の実践的認識において、無条件的なものというあの超越的理性概念を規定する与件が見いだされないかどうか、またそのような仕方で、形而上学の願望にかなって、私たちのア・プリオリな認識、しかし実践的な意図においてのみ可能なア・プリオリな認識でもって、すべての可能的経験の限界を越え出て到達する与件が見いだされないかどうかを探求することは、私たちに依然として残されている。

（五二頁）

出だしの「思弁的理性には超感性的なものというこの分野のうちでうまくやってゆくことがまったく拒まれた」ということの意味についてはいいでしょうか？　思弁的理性が、経験を超えたところで可能的経験の「うち」と同じようなア・プリオリな認識を得ることができないことが明らかになった、ということです。

そして、これに続く文章は、先にも言ったのですが、きわめて微妙な言い回しで実践的な認識を認めている感じがする。その背景をもう一度言いますと、この『純粋理性批判』第二版から二年後（一七八八年）に出版された『実践理性批判』では、自由は単なる理念ではなく、（実践的）実在性を獲得し、道徳法則が自然法則とは別のア・プリオリな法則として登場してくる。

そして、カントはこの第二版を書いているときに、自由に関する論述が拡大したので、後にそれを『実践理性批判』として切り離したのですから、『実践理性批判』のかなりの部分がすでにカントの脳裏にはあったと考えられる。しかし、この第二版では、自由を理念として認める第三の二律背反を書き直していない、とこういうわけです。

まさにこのあたりに、その微妙な立場、すなわち道徳法則を認めることができそうだが、まだはっきりとは提唱していない立場が現れているような気がする。「実践的意図においてのみ可能なア・プリオリな認識でもって、すべての可能的経験の限界を越え出て到達する与件が見いだされないかどうかを探求することは、私たちに依然として残されている」という回りくどい書き方は、その現れのように思われます。

実践的なア・プリオリな認識を、『実践理性批判』のように正面から認めるのではなく、といって「第三の二律背反」のように、それを認めずに理念――これは認識ではない――として貫くわけでもなく、実践的認識は「否定できない」というニュアンスでずっと通している。そして、この微妙な態度が次の有名な箇所に繋がっているのです。

> だが、そうした手続きにもかかわらず思弁的理性は、そうした拡張のための少なくとも場所だけは、たとえそれを空地のままにしておかざるをえなかったにせよ、つねに私たちに供給しておいたのであって、それゆえ、できることならその場所を理性の実践的与件によって充たすことは、私たちにはまだあくまで禁ぜられてはおらず、いや、私たちはそれどころかそうすることを理性によって要求されているのである。★★　（五二―五三頁）

思弁的理性が、ア・プリオリな認識の「拡張のための少なくとも場所だけは、たとえそれを空地のままにしておかざるをえなかったにせよ」確保しておき、後に「理性の実践的与件によって充たすこと」、すなわち実践理性の家を建てることは、「禁ぜられてはおらず」、それどころか「理性によって要求されている」のです。

しかし、このわかりやすい比喩によって有名になったこの箇所を、多くの——カント研究者以外の——哲学者や社会科学者は、理論理性と実践理性との典型的関係としてとらえているようです。さきほども言ったように、この比喩は、あくまでもア・プリオリな実践的認識を正面から認めるのではないが、否定もできないという『純粋理性批判』第一版（一七八一年）と『実践理性批判』（一七八八年）との中間に位置する『純粋理性批判』第二版（一七八六年）におけるカントの態度表明なのです。

20　コペルニクス的転回、まとめ

ところで、コペルニクス的転回はどうなったのでしょうか？　右に引いた箇所の最後に★★の注がありますので、それを見てみましょう。

> ★★——そのように天体の運動の諸中心法則は、コペルニクスが最初はたんに仮説として想定したものに完全な確実性をあたえ、同時に、宇宙構造を結合している不可視な力（ニュートンの引力）を証明したが、この力は、コペルニクスが、感性に反してはいるが、それでも真の仕方で、観察された諸運動を天界の諸対象のうちにではなく、それら諸対象の観察者のうちに求めることをあえてしなかったなら、永久に発見されないままであったであろう。（五三頁）

ここは、一見簡単そうに見えますが、次の箇所と合わせるとなかなか微妙なことを語っている。「コペルニクスが最初はたんに仮説として想定したものに完全な確実性をあたえ」た、とはいかなることか？　カントによると、コペルニクスは、最初は太陽を中心に置けば、火星も完全な円運動をなしていることがわかる、という「仮説」を立てたに過ぎないのですが、後にこれをニュートンのように普遍的力学法則として「証明した」ということでしょう。

これは、半分は正しいのですが、半分は間違っています。コペルニクスはいまだにアリストテレスの宇宙論の枠内にいて、天界は完全な円運動をしているが、これには地上で物体が落下する運動とはまったく別の力がはたらいている、と考えていた。これを統一したのがニュートンであって、ここではじめて全宇宙を支配する普遍的力学法則が確立されたのです。よって、（　）の中はカントの勇み足と言えるでしょう。

「観察された諸運動を天界の諸対象のうちにではなく、それら諸対象の観察者のうちに求める」とは、まさに火星の逆行運動が、火星自身の客観的運動（太陽を中心に公転する運動）ではなく、地上の観測者にとって「見える」運動に過ぎないとしたこと。

この背景として、――コペルニクスではなく――カントは『自然科学の形而上学的原理』の「第四章　現象学の形而上学的原理」において、等速直線運動と円運動とを対比させ。前者においては、等速直線運動する異なった速度v_1、v_2、v_3……の諸物体K_1、K_2、K_3……の運動B_1、B_2、B_3……は等価であって――「デカルトの相対性原理」と呼ばれる――これらの運動を「現象」と呼ぶ。いまは、立ち入れないけれど、カントの「現象」概念の核心はここにあります。

しかし、円運動の場合は、力（求心力）が働き、力は実在的であるゆえに円運動は実在的であって、真の運動（die wahre Beweung）である、そのさい、円の中にいる観察者にとっては、外界が反対方向に円運動しているように見えるけれど、そこには実在的力が働いていないので、仮の運動（die Scheinbewegung）である、というわけです――これが、カントの「仮象」の核心的意味です。

カントはこうして、宇宙の中心に太陽が位置することを、ニュートン力学から証明できると考えていました――これが果たして「証明」になっているかどうかはおいておくとしても。

そして、★★の最後の箇所が、またもやわれわれを混乱させる。

私は、コペルニクスの仮説と類比的な、批判において論述される思考法の変革を、この序文においてはほんの仮説として提出するが、もっともこの変革は本文自身においては、空間と時間についての私たちの表象の性質、および悟性の諸要素概念から、仮説的にではなく、確然的に証明されるのであって、この序文においてそうしたのは、いつでも仮説的なものであるそうした変革の最初の試みに、注意をうながすためにすぎない。（五三頁）

物自体と現象との区別に基づいて、ア・プリオリな認識の可能性を保証すること、これがコペルニクス的転回の骨格なのですが、不思議なことにカントは、さしあたりこの「序文」では、それが「確然的に証明される」ことには立ち入らないとしている。実際、この世界が物自体ではなく現象であることを証明するには、分析論のすべてと弁証論の二律背反とが必要でしょう。そうではなく、ここでは、ただ「そうした変革の最初の試みに、注意をうながすために」コペルニクスを出したのだ、と言うのです。

ここをどう読むかは難しいのですが、まずカント自身コペルニクスの転回と自分の「思考法の変革」とを、あまりにもストレートにつなげて理解してもらいたくないという要求の現れと解することができる。さらに、これをカントの自己防衛と読むよりは、もっと素直に解して、自分は思考法の変革の

「類比」として、コペルニクスの転回をもちだしたにすぎないのであって、個々の類似性の詮索に走ってもらいたくはなく、むしろ全体としての変革の見事さに注意を向けてもらいたい、と読むことができましょう。というわけで、これでやっとコペルニクス的転回の大森林を通り抜けました。いかがでしたか？　そう簡単にコペルニクス的転回について語ってはならないということ（だけ？）はおわかりかと思います。

21　コペルニクス的転回と批判

ということで、やっとコペルニクス的転回から抜け出ると、そこには光輝く新世界が開かれているというわけではなく、むしろある堅い思いこみに支えられた古色蒼然たる世界が広がっているだけです――と言うと、まじめなカント学者からは袋叩きに遭うでしょうが？　私見では、これからしばらくはカントの「思想（信念）」が披露されているだけであって、しかもそれは、さして含蓄のあるものではないし、哲学としてもそれほど価値はないのではないか、と思われます。

ところで、形而上学のこれまでのやり方を変革するあの試み、しかも、私たちが幾何学者と自然科学者の実例にしたがって形而上学に関する一つの全面的な革命をくわだてることによって、それを変革するあの試みが、純粋思弁的理性のこの批判の仕事である。（五四頁）

ここは、説明する必要がないですね。カントは、「幾何学者と自然科学者の実例にしたがって形而上学に関する一つの全面的な革命をくわだて」たのであり、そして形而上学を構築する唯一の方法としての「批判」にたどり着いたのです。

なお、「幾何学者」については前にちらりと出ました。「ギリシア人という驚嘆すべき民族において学の確実な道を歩んできた」（四二頁）のです。これからもわかるように、カントは「学の確実な道」を幾何学と自然科学（物理学）とに認めるのですが、幾何学については、そのつどア・プリオリな総合判断の事例として語るだけで、コペルニクス的転回のような大規模な議論をしない。

現象の骨格を形づくるのは自然法則（因果律）であって、幾何学の法則ではなく、じつはカテゴリーと（点や直線や合同などの）幾何学における基本的概念との連関が希薄であることはすぐにわかります。このあとが、カントの誇大妄想と思われる側面であって、私にはどうも文字通りには受け容れがたい――のですが。

この批判は、この学の全輪郭を、その限界に関しても、またその全内的構造に関しても描いてみせる。なぜなら、純粋思弁的理性は、おのれ自身の能力を、思考のための客観を選びだす仕方の差異にしたがって測定し、かつまた、おのれに課題を課するさまざまの仕方をさえ完璧に数えあげ、かくして形而上学の体系のための全見取図を描いてみせることができるし、また描いてみせるべきであるという特有性をおびているからである。（五四頁）

この背景には、理性は完全な自己完結した能力であるという大前提があり、その上に立って、自分はその理性を徹底的に批判（吟味）したのだから、理性のあり方と作用とを完全に掌握できているという確信がある。「この学〔形而上学〕の全輪郭を、その限界に関しても、またその全内的構造に関しても描いてみせる」、すなわち、どこまでが理性的学問であって、どこからはそうではないか、未来永劫発展する分まで含めて、あらゆる学問の限界を完全に決定することができるのです。

どうでしょうか？　こうしたカントの主張に対して、現代日本人は二重に躓くのではないでしょうか？　第一に、理性というものが完全な体系をなしているということに対して、そして第二に、その正しいあり方を「批判」によってカントが完全に手中にしたということに対して。この二つは、反論する気が起こらないほど勝手な思いこみだ、と思うのではないでしょうか？

そして、その理性批判は二点から成っている。第一に、「おのれ自身の能力を、思考のための客観を選びだす仕方の差異にしたがって測定」すること。そして、第二点が「おのれに課題を課するさまざまの仕方をさえ完璧に数えあげ」ることです。

22　完全無欠な形而上学の体系

右の二点については、むしろこのあとの文章によってわかってくる。とはいえ、長い一つの文章ですので、切ることができません。

というのは、第一の点に関して言えば、ア・プリオリな認識においては、思考する主観がおのれ自身のうちから得てくるもの以外には、その客観に何ひとつとして付加されえないからであり、また、第二の点に関して言えば、純粋思弁的理性はその諸認識原理に関しては、一つのまったく孤立した、それ自身だけで存立する統一であって、この統一においてはそれぞれの項は、一個の有機化された物体におけるがごとく、すべての他の項のために存在し、またすべての項は一つの項のために存在しており、だからいかなる原理も、それが同時に全般的な連関のうちで純粋な全理性使用のために探究されおえていることなしには、一つの連関のうちでも確実に取りあげられえないからである。

（五四頁）

ここで、第一の点が「ア・プリオリな認識においては、思考する主観がおのれ自身のうちから得てくるもの以外には、その客観に何ひとつとして付加されえない」というふうに書きかえられていますが、結局すべては「ア・プリオリな綜合判断はいかにして可能か？」という唯一の問いに収斂する。ア・プリオリな判断には、A＝Aというような分析判断と因果律のような綜合判断とがあるのですが、前者はわれわれの認識を拡張しないけれど、後者は拡張する。カントの欲しかったのは、ア・プリオリに認識を拡張する判断です。そして、自分は、それが「思考する主観」すなわち理性（狭くは悟性）のうちにあることを論証したのであり、とすると、未来永劫にわたって、認識を拡張する仕方が保証されたわけであり、すべての学問（科学）はこれに従うはずなのです――もちろん、このすべてを否定する哲学者はごまんといます。なお、ここでは「純粋思弁的理性」と限定されていますから、カントはもっぱら「自然の形而上学」のことを考えているようです。

というわけで、カントの妄想とも思われる自信は、将来いかなる学問が生じようとも、それは神を起点とするような因果律に基づいてはならず、カテゴリーに基づく自然因果律に基づかねばならない、というきわめて具体的な成果の上に立っているのです。『純粋理性批判』の難しさ――の九割――はここにある。初心者は、このことを、どうして先の文章から読めましょうか？　ほとんど不可能ですよね。だから、すべてが無味乾燥とした抽象的文字の羅列に見えてしまい、「難解だ！」とため息をつくのです。

さて、では第二点に進みましょう。その内容はそれなりにわかるのであり、先に言ったように、カントにとって、理性は自己完結した体系なので、それを正確に言語化した諸学問も完全な体系になっていなければならないのです。

これこそ「理性信仰」であって、現代日本人のほとんどにとって——じつは私も——想像を絶した「思想」に思われる。あえてここで雑な話をすると、やはりこれには「一神教」の背景があるのでしょうね。唯一の知性的な神が世界を創造したのだから、創造された世界は一つの知性的体系になっているはずだ、という信仰であり、スピノザやヘーゲルがその典型です。

こうして、スピノザが『エチカ』によってすべてを完全に言語化したと信じたような態度、あるいはウィトゲンシュタインが『トラクタトス』によって哲学の問題はすべて解決したと信じたような態度が出てくる。ラッセルは次々に見解を変える哲学者ですが、それでも例えば論理的原子論ですべて解決したと思っていた。ヘーゲルに『エンチクロペディー』という著作があって、そこにはすべての（？）学問が一つの体系をなしていることが記述されています。

こういう哲学者たちとは一線を画しているカントもまた、とくに理性に関しては同じような信仰をもっていたのですね。でなければ、たかが（？）『純粋理性批判』一冊を書いただけで理性の批判をすべて成し遂げたなどと考えるはずがないからです。

理性の自己完結した体系に関しては、三段階に分けている。①「純粋思弁的理性はその諸認識原理に関しては、一つのまったく孤立した、それ自身だけで存立する統一であ」ること。②「この統一においてはそれぞれの項は、一個の有機化された物体におけるがごとく、すべての他の項のために存在し、またすべての項は一つの項のために存在して」いること。したがって、③「いかなる原理も、それが同時に全般的な連関のうちで純粋な全理性使用のために探究されおえていることなしには、一つの連関のうちでも確実に取りあげられえない」こと。というわけで、理性信仰の真髄を語っているのですが、考えれば考えるほど、すさまじい信仰ですね。

それでも、以上のすべてと、この長い文章の前で言っていたこと、すなわち「おのれに課題を課するさまざまの仕方をさえ完璧に数えあげる」こととどう関係するのか、という疑問がまだ残っている。ここがまたすごいのです。「おのれに課題を課するさまざまの仕方」とは、学問のさまざまな仕方と考えていいでしょう。それを将来の全学問について「完璧に数え上げる」ことさえできるということです。

こうしたことは、すでに少し触れましたが、『純粋理性批判』の第一版（一七八一年）と第二版（一七八六年）との間に、カントは『プロレゴメナ』という小品を刊行しますが、その副題が「将来のあらゆる形而上学のための予備学」となっていることとも呼応している。さて、以上の理性信仰に基づいて形而上学批判が完成したのですが、このことをやり遂げられたのは、「稀な幸運に恵まれて」いたからだ、とカントは告白している。

> しかしその代わりまた形而上学は、客観とかかわりあういかなる他の理性の学も（なぜなら、論理学は思考一般の形式にのみたずさわるから）あずかりえない稀な幸運にめぐまれているのであって、それは、形而上学がこの批判によって学の確実な歩みへともたらされたときには、形而上学はおのれに必要な認識の全分野を完全に把握し、それゆえ形而上学の事業を完結し、けっして

増す必要のない資本として、それを後世の使用のために貯えておくことができるという幸運であるが、それというのも、形而上学がかかわりあうのは、諸原理と、これらの諸原理自身によって規定されるその使用の制限のみであるからである。

（五四—五五頁）

引用前半の（　）の中はいいでしょうか？「論理学」も稀な幸運に恵まれているが、それは「思考一般の形式にのみたさずさわ」り、「客観とかかわりあう」ことがないから、ここでは排除するということ。さて、このあと引用三行目始めの「それは」からあとが「稀な幸運」の中身ですが、どうもつかみどころのない文章が続いている。そのうえ、「事業」とか「資本」とか、企業家に関係する言葉が並んでいます。

ここを「課題」にしましょう。右の説明で、だいたいカントの念頭にあることはわかったと思いますが、それにもかかわらず、次の文章を読むとまたわからなくなる——というのがカントです。霧に包まれているような文章を、骨格をとらえ、要点を押さえて、なるべく明晰に言いかえてください。

対話 15

「しかし」から始まる右の引用箇所のうち、三行目の「それは」からあとを解釈することが課題です。すなわち、形而上学は論理学とともに「稀な幸運にめぐまれている」、その理由ですが、「批判」と「形而上学」との特有の関係を指摘すればいいわけです。

第一版の「序文」に、類似の箇所があります。「なぜなら、それ〔形而上学〕は、純粋理性によってえられた私たちのすべての財産の、体系的に整理された財産目録にほかならないからである」(三六—三七頁)。また、この前には「そのため後世の人々には。教授上の手法においてすべてのものを彼らの意図にしたがって整頓すること以外には、何ひとつとして残されてはおらず、このゆえにその内容をいささかも増大せずにすむのである」(三六頁)という文章もあり、さらに前には「或る大きな重要な事業」(三六頁)という言葉さえあります。

課題の箇所はこの第一版の箇所を言いかえたもの。すなわち、前にも強調しましたが、理性の「体系」が前提されていて、「純粋思弁的理性はその諸認識原理に関しては、一つのまったく孤立した、それ自身だけで存立する統一であって、この統一においてはそれぞれの項は、一個の有機化された物体におけるがごとく(後略)」(五四頁)であり、これに呼応して、「この批判は、この学の全輪郭を、その限界に関しても、またその全内的構造に関しても描いてみせる」(五四頁)からであり、「形而上学の体系のための全見取図を描いてみせることができる」(同)からです。

しかしその前に、「ところで、形而上学のこれまでのやり方を変革するあの試み、しかも、私たちが幾何学者と自然科学者の実例にしたがって形而上学に関する一つの全面的な革命をくわだてることによって、それを変革するあの試みが、純粋思弁的理性のこの批判の仕事である」(五四頁)という箇所を見落としてはならない。私が期待した、「骨格をとらえ、要点を押さえて、なるべく明晰に言いかえて」とは、欲張れば、この連関まで正確にたどることです。

カントはここで、すでに「学の確実な歩み」を獲得している幾何学をモデルにして議論しているようです。すなわち、定義、公理、定理が与えられれば、あらゆる可能な図形が作図でき、「そこから」あらゆる可能な規則が導き出される。もちろん論理学も同じなのですが、幾何学は空間における作図まで含むので、実在に関わっている。すなわち、あらゆる可能なア・プリオリな綜合判断が導き出されるのです。

このモデルに従って、右の箇所を読んでみますと、まず形而上学は、幾何学が「おのれに必要な認識の全分野を完全に把握し」ているように、その「認識の全分野」を手中にしているのであって、あとは個々の規則を証明する――これを「使用」と言います――ことが残されているだけ。「使用の制限」とは、今後、実際に証明されるのは、可能な使用の「制限のみである」からです。

以上のことを「事業（Werk）」と「資本（Hauptstuhl）」の例で見直すと、幾何学の全規則を導くこと――これが「形而上学の事業」――はまだ完成していないけれど、そのための十分な「資本」――これが諸原理――は獲得したのだから、あとはその「資本」を「後世の使用のために蓄えておくことができる」というわけでしょう。

《続刊》てってい的にカント　その二　「純粋理性」の舞台裏◆目次

あとがき

『てってい的にキルケゴール』（その一、その二、その三）に続いて『てってい的にカント』（その一）をお届けします。『純粋理性批判』の「序文（Vorrede）」と「序論（Einleitung）」の解説だけですが、本書のように、カントの思考の襞に沿って正確に読んでいけば、『純粋理性批判』全体の最良の入門書になると思います。本書にわずかなりとも価値があるとすれば、「コペルニクス的転回」についてこれ以上不可能なほど（？）厳密に読み解いたことでしょうか。

今回も、ぷねうま舎の中川和夫さんにはひとかたならぬお世話になりました。心よりお礼申し上げます。

二〇二四年三月二一日

中島義道

中島義道

1946年生まれ. 東京大学法学部卒. 同大学院人文科学研究科修士課程修了. ウィーン大学基礎総合学部修了（哲学博士). 電気通信大学教授を経て, 現在は哲学塾主宰.
著書に,『カントの時間構成の理論』(理想社. のち改題『カントの時間論』講談社学術文庫),『時間を哲学する——過去はどこへ行ったのか』(講談社現代新書),『哲学の教科書』(講談社学術文庫),『モラリストとしてのカント１』(北樹出版. のち改題『カントの人間学』講談社現代新書),『時間論』(ちくま学芸文庫),『「私」の秘密——私はなぜ〈いま・ここ〉にいないのか』(講談社学術文庫),『カントの自我論』(日本評論社. のち岩波現代文庫),『悪について』(岩波新書),『後悔と自責の哲学』(河出文庫),『「死」を哲学する』(岩波書店),『差別感情の哲学』(講談社学術文庫),『悪への自由——カント倫理学の深層文法』(勁草書房. のち改題『カントの「悪」論』講談社学術文庫),『哲学塾授業——難解書物の読み解き方』(講談社. のち改題『哲学塾の風景——哲学書を読み解く』講談社学術文庫),『ニーチェ——ニヒリズムを生きる』(河出ブックス. のち改題『過酷なるニーチェ』河出文庫),『生き生きした過去——大森荘蔵の時間論, その批判的解説』(河出書房新社),『不在の哲学』(ちくま学芸文庫),『時間と死——不在と無のあいだで』(ぷねうま舎),『明るく死ぬための哲学』(文藝春秋),『死の練習——シニアのための哲学入門』(ワニブックスPLUS 新書),『晩年のカント』(講談社現代新書),『てってい的にキルケゴール　その一　絶望ってなんだ』『その二　私が私であることの深淵に』『その三　本気で、つまずくということ』(ぷねうま舎) など.

てってい的にカント　その一
コペルニクス的転回の全貌

2024年５月24日　第１刷発行

著　者　中島義道《なかじまよしみち》
発行者　中川和夫
発行所　株式会社 ぷねうま舎
〒162-0805　東京都新宿区矢来町122　第二矢来ビル3F
電話 03-5228-5842　ファックス 03-5228-5843
http://www.pneumasha.com

印刷・製本　真生印刷株式会社

ISBN 978-4-910154-54-1　Printed in Japan